Migue

CARL GUSTAV JUNG VE HERMANN HESSE

İki Dostun Hatıraları

DESTEK
yayınları

DESTEK YAYINLARI: 1132
ANI: 9

**MIGUEL SERRANO / CARL GUSTAV JUNG VE HERMANN HESSE:
İKİ DOSTUN HATIRALARI**

Orijinal Adı: C.G. Jung and Hermann Hesse-A Record of Two Friendships / Miguel Serrano

İmtiyaz Sahibi: Yelda Cumalıoğlu
Genel Yayın Yönetmeni: Ertürk Akşun
Yayın Koordinatörü: Özlem Esmergül
Çevirmen: Seza Özdemir
Editör: Özlem Küskü
Son Okuma: Devrim Yalkut
Kapak Tasarım: İlknur Muştu
Sayfa Düzeni: Cansu Poroy
Sosyal Medya-Grafik: Tuğçe Budak - Mesud Topal

Destek Yayınları: Ağustos 2019 (2.000 Adet)
3. Baskı: Ekim 2019
Yayıncı Sertifika No. 13226

ISBN 978-605-311-612-7

Abdi İpekçi Caddesi No. 31/5 Nişantaşı/İstanbul
Tel. (0) 212 252 22 42
Faks: (0) 212 252 22 43
www.destekdukkan.com
info@destekyayinlari.com
facebook.com/DestekYayinevi
twitter.com/destekyayinlari
instagram.com/destekyayinlari
www.destekmedyagrubu.com

Deniz Ofset – Nazlı Koçak
Sertifika No. 40200
Maltepe Mahallesi
Hastane Yolu Sokak No. 1/6
Zeytinburnu / İstanbul

Miguel Serrano

CARL GUSTAV JUNG VE HERMANN HESSE

İki Dostun Hatıraları

Çeviri: Seza Özdemir

DESTEK
yayınları

İÇİNDEKİLER

Hermann Hesse İsviçre Montagnola'da yazar
Miguel Serrano'yla birlikteyken.

Kitaptaki Mektuplarla İlgili Notlar:

Hermann Hesse'nin mektupları, çizimleri ve şiirleri Ninon Hesse'nin izniyle yayımlanmıştır.

C. G. Jung'un 31 Mart 1960 ve 14 Eylül 1960 tarihli mektupları, C. G. Jung'un ailesinin (Erbengemeinschaft C. G. Jung) izniyle yayımlanmıştır.

14 Ocak 1960 ve 16 Haziran 1960 tarihli mektuplar Routledge & Kegan Paul Ltd. izniyle yayımlanmıştır.

Jung'un mektupları, Gerhard Adler ve Aniela Jaffé'nin editörlüğünü yaptığı *C. G. Jung: Letters* adlı kitapta da yer almaktadır.

Mektupların özgün halleri İngilizce yazılmıştır; noktalama ve deyimlerle ilgili küçük düzeltmeler dışında mektupları özgün hallerindeki gibi yayımlayan Daimon-Verlag'ın İngilizce baskısından Türkçeye çevrilmiştir.

Görseller Listesi

Önsöz

Bu kitabın sayfalarını zapt edilemez bir nostaljiyle tekrar okudum.

Üzerinden kaç yıl geçti, kaç baskı yaptı? Sırf Amerika Birleşik Devletleri'nde yirmi baskı yaptı; ayrıca Avrupa dillerinin çoğuna, hatta Felemenkçe ve Yunancaya da çevrildi, Farsça ve Japoncaya çevirilerini saymıyorum bile. Ruhun bu büyük macerasını yaşamamın üzerinden kaç yıl geçti? Doğrusu, büyülü bir varlıkla kutsanmışım çünkü Montagnola'da, bir zamanlar Hermann Hesse'ye bir yuva olmuş tarihi Casa Camuzzi'de[1] on yıl boyunca yaşayacak kadar şanslıydım. Orası bir asilzadenin eviydi, *Golden Hill*'in mimarlarından biri tarafından Saint Petersburg'un barok stilinde inşa edilmişti, balkon ve terasları Alplerin zirvelerine ve Lago di Lugano'ya [Lugano Gölü] bakardı – fakat aynı zamanda *Klingsor'un Bahçesi*'ne açılırdı.

Doğu'dan ve Batı'dan gelen genç seyyahlar, sırt çantalarında *The Hermetic Circle*'ı, genelde Almanca çevirisini ama çoğunlukla da İngilizcesini taşıyarak Camuzzi'nin kapısını aşındırırlardı. Benim yıllar yıllar önce (aslında onlarınkinden yirmi yılı aşkın bir süre önce) yaptığım yolculuğun adım adım izini sürdüler ve onlara kılavuzları gibi davranan, onları masasına oturtup içmeleri için şarap ikram eden ve onlara konukseverlik

1. Casa Camuzzi: Hermann Hesse'nin Montagnola'ya taşındığında üç odasını kiralayıp 1919-1931 tarihleri arasında yaşadığı yer. Bu küçük sarayın yapısı içinde Hesse'nin kaldığı bölüm, günümüzde Hermann Hesse Müzesi'dir. (ç.n.)

gösteren, şu sayfaların yazarıyla hayli beklenmedik bir biçimde yüz yüze geldiler; tıpkı yıllar önce Hesse'nin bana davrandığı gibi ki o zamanlar ben, *Neither by Sea nor by Land* adlı yeni basılmış ilk kitabından başka hiçbir referansı olmayan, Güney Kutbu'ndan gelmiş bir başka genç seyyahtım sadece.

O mazideki günlerden bu yana çok şey değişti. Montagnola'nın sokakları artık toprak değil, asfalt; onları arşınlayan seyyahlar da farklı. Onların neredeyse hepsi, Hermann Hesse'yi Hinduizm'in saf olmayan bir biçiminin veya uyuşturucu kültürünün yanlı propagandasıyla tanımışlardı. Hermann Hesse'nin öyle olmadığını, onun kullanıldığını, çarpıtıldığını görmelerini sağlamaya çalıştım. Konuştuklarım arasından çok azının, bütün bir kuşağın uçuruma itilmesinden önce zar zor kurtarabildiklerimin, üzerinde sadece sınırlı bir başarı elde edebileceğimi fark ettim. Bu çabam için yazarın eşi Ninon Hesse'nin hatırasından cesaret aldım ki son görüşmemizde Hesse'nin çarpıtılmadığından emin olmak için verdiği mücadelede kendi cesaretinin kırıldığını bana itiraf etmişti. Ninon Hesse, ondan *Bozkırkurdu*'nun bir senaryosunu yazmasını isteyen bir Kanada televizyonunun kendisini ziyaret ettiğini anlattı. Tekliflerini reddetmişti çünkü Hesse, vasiyetinde eserlerinin filme çekilmemesini açık açık belirtmişti. Ninon'un, yazarın çocuklarıyla sorunları da vardı. Ninon hayattayken Hesse'nin talimatlarına tam olarak uyuldu fakat bu durum onun ölümünden sonra değişti.

Bir gün Montagnola'da Hermann Hesse'nin oğlu Heiner, beraberinde Kuzey Amerikalı birkaç film yapımcısıyla birlikte ziyaretime geldi. Heiner Hesse, onlara *Bozkırkurdu*'nun filmini yapma iznini vermişti. Bana danışmak istediler. Heiner'a babasının vasiyetinin koşullarını sordum ve Ninon'un bana söylediklerini hatırlattım. Heiner koşulların gerçekten öyle olduğunu doğruladı ama "eğer çocuklarından biri, kötü bir ekonomik durumda olursa kitaplardan birinin film olması iznini verebileceği" anlamına gelen ek bir ibare olduğunu açıkladı. Böyle bir durumda olup olmadığını sordum, "Hayır" dedi fakat "o günün gençliğine yardım etmek için" bu izni veriyordu. Bana senaryoyu bıraktılar, onun hakkındaki görüşümü almak için bir hafta içinde tekrar geleceklerini söylediler.

Sayfaları okurken *Bozkırkurdu*'nun ana kahramanının Nazizm'e karşı uzun uzun, sert eleştirilerini fark ettikçe şaşırdım, kitabın aslında bunlar hiç yoktu. Sonraki buluşmamızda buna dikkat çektim ve aldığım şu yanıtı şoka benzer bir duyguyla beraber hâlâ hatırlayabiliyorum: "Bunları eklemek zorundaydık çünkü Kuzey Amerika halkı, Hermann Hesse'nin kültürel çantasında Almanya'da Nazizm'e yol açan aynı geleneği görme eğiliminde." Bu, dehşet vericiydi. Hem bu tahrifata hem de filmin yapılmasına karşı çıktığımı söylememe gerek yok; fakat tabii ki Heiner Hesse'ye yapılan 70 bin dolarlık ödemeden sonra iş devam etti. Film tam bir fiyaskoydu.

Kuzey Amerikalıların ve medyanın kültürsüzlüklerinin yanı sıra gösterdikleri umumi sağduyusuzluk ve saygısızlık; onları bir Alman –hem de ne Alman!– yazarı kendi amaçları için kullanmak, tabiri caizse yeni başlayıp kısa sürede bütün gezegene baş döndürücü bir hızla yayılan "evrensel vahiy"in büyük komplosunda onu kullanmak amacıyla onun kendi ulusunun kökleriyle olan bağlantısını tahrip etmeye çalışmalarına neden oldu. Bu olağandışı durum kuşkusuz Amerika Birleşik Devletleri'ndeki birçok çevre tarafından yaygınlaştırılan ve çoğaltılan geniş kültürsüzlükle teşvik edildi.

O zamana kadar kitabım *The Hermetic Circle*, belli bir üne ulaşmıştı, genç insanlar tarafından ve üniversite çevreleri ile Jungcu topluluklardaki profesyonel psikiyatrlar tarafından okunuyordu, öyle ki Avustralya Psikiyatri Derneği, bana derneğin başkanı ve tüm üyeleri tarafından imzalanmış bir tebrik mektubu gönderdi. Yıllarca Montagnola'da ya da onun yakınındaki yerlerde, kültürlü Kuzey Amerikalıların isteğiyle, Avrupa ve Amerika'dan yazarların ve üniversite profesörlerinin katıldığı sempozyumlar düzenlendi. Bunlara beni davet ederlerdi ki bana da iki konuşma yapma fırsatı verdiler. Bu konuşmalardan biri Madrid'deki bir yüksekokulda, Madrid ve Barselona'daki İspanyol Kültürü Enstitüsü'nde ve yanı sıra çeşitli Şili üniversitelerinde yapmış olduğum konuşmanın peşine aynı adla kitap olarak yayımlanan *Nietzsche and Eternal Return* hakkındaydı. İkinci konferansım "Amerika Birleşik Devletleri'nde Hermann Hesse'nin Dönüştürülmesi" üzerineydi.

Bu konuşmada, Hermann Hesse'nin esas amacının değiştirilmiş olduğu, bunun da onu bir nevi Bohem, bir hippi, uyuşturucu kültürünün bir havarisi, disiplin ve yöntem pahasına serbestlik telkin eden ve üstü örtülü bir şekilde homoseksüelliği –veya tercihen, biseksüelliği– ima eden pasifist bir berduş (sahiden bir pasifist olsa bile) gibi gösterdiği tezini ileri sürdüm. Hermann Hesse'nin Alman Romantizmi'nin edebi geleneğindeki; Novalis, Hölderlin, Kleist ve Nietzsche –ki Hesse ona çok hayrandı– ile devam eden gelenekteki köklerinden koparılırsa hakikaten anlaşılamayacağını vurgulayarak ifade ettim. Hesse Alman Romantizmi'nin ve de Schopenhauer ve Goethe (*Shakunthala*'nın bir hayranıydı) ile birlikte Doğu'ya büyük kavramsal yolculuğu başlatmış olan felsefi düşünce hattının son çiçeği olmuştu. (Hermann Hesse, Alman Romantizmi üzerine olağanüstü bir inceleme yazdı, bu çalışma uzun zamandır kayıp ve bugün büsbütün bilinmez halde.) Hesse, birlikte psikanaliz sürecinden geçtiği Carl Gustav Jung'un etkisi altında, *Androgyne*'in Alman simyası rüyasına enikonu girişti ki bu homoseksüelliğin karşıtıdır; *Androgyne*'in arzusu bütünlük ve karşıtların kaynaşmasıdır, Nietzsche'nin "Benlik"inin -yani içerideki *insanın (homo)*–, *coelo*'nun, yani Sinclair'in –diğer deyişle Hesse'nin– sevdiği ve hayran olduğu *Demian*'ın birliğidir. Onun en kişisel egosu. *Narziss ve Goldmund. Bozkırkurdu*'nun özgün Almanca baskısında, kadın kahramanın adı Hermina'dır ki bu isim, Hermann'ın dişil halidir. Bu da Mozart'ın *Sihirli Flüt*'ündekiyle aynı simyasal tantra oyunudur: Pamino ve Pamina.[2] Tıpkı yüce geleneğin büyük Almanları gibi, Hermann Hesse de Mozart ve Bach'ın müziğinde demlenmiştir.

Hesse'yi Tüketici Toplum'unun bir ürününe, onun yöntem ve ortodoksisinin (tutuculuğunun) propagandasını yapan birine dönüştürmeye teşebbüs edildi. *Kali Yuga*'nın tekinsiz akımına iyice dahil edildi. Fakat yıllar önce Montagnola'nın tozlu sokaklarını arşınlayan, sonradan Hindistan'a ülkesinin elçisi olarak dönen genç Şilili, diğer Hesse'yi –gerçek olanını– aramaya çıktı; tam da gerçek Hindistan'ı –sonsuz olanların, sevilen ve ebedi olanlarınkini– aramaya çıktığı zaman.

Bu kitabın sayfalarında hâlâ karşılaşabileceğim şeyler bunlardır.

Miguel Serrano

Valparaíso, Şili

Haziran 1991

2. Mozart'ın operası Sihirli Flüt'te geçen karakterlerin adları Tamino ve Pamina'dır. Yazar erkek ve kadın karakterlerin isimlerinin benzerliğine gönderme yapmaktadır. (ç.n.)

HERMANN HESSE

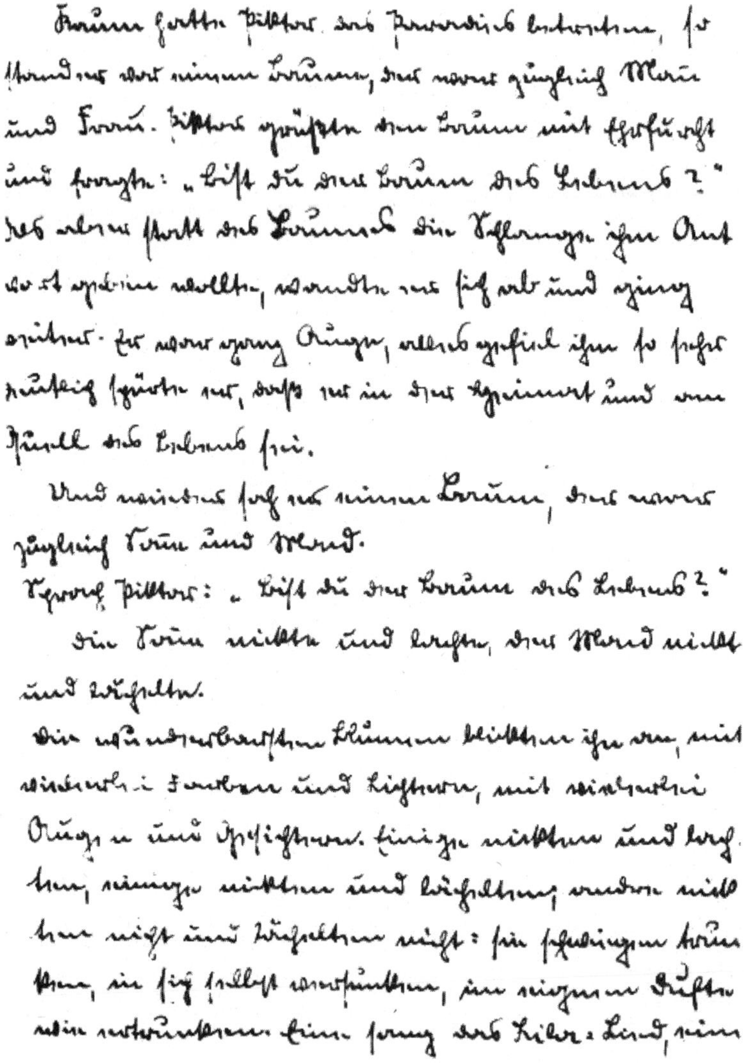
Kaum hatte Piktor das Paradies betreten, so stand er vor einem Baume, der war zugleich Mann und Frau. Piktor grüßte den Baum mit Ehrfurcht und fragte: „Bist du der Baum des Lebens?“ Als aber statt des Baumes die Schlange ihm Antwort geben wollte, wandte er sich ab und ging weiter. Er war ganz Auge, alles gefiel ihm so sehr. Deutlich spürte er, daß er in der Heimat und am Quell des Lebens sei.

Und wieder sah er einen Baum, der war zugleich Sonne und Mond.
Sprach Piktor: „Bist du der Baum des Lebens?“

Die Sonne nickte und lachte, der Mond nickte und lächelte.
Die wunderbarsten Blumen blickten ihn an, mit vielerlei Farben und Lichtern, mit vielerlei Augen und Gesichtern. Einige nickten und lachten, einige nickten und lächelten, andere nickten nicht und lächelten nicht: sie schwiegen trunken, in sich selbst versunken, in eigenem Dufte wie ertrunken. Eine sang das Lila-Lied, eine

Hermann Hesse'nin elyazısı.
Piktor'un Başkalaşımı öyküsünün elle
yazılmış taslağından bir sayfa.

22 Ocak 1961'de Hermann Hesse'yle birlikte İsviçre'nin İtalyan bölgesi olan Montagnola'daki evinde öğle yemeği yemiştim. Pencerenin dibinde kar taneleri atıştırıyordu fakat uzakta gökyüzü açık ve parlaktı. Bakışlarımı manzaradan çevirip odaya döndüğümde masanın en ucunda oturan Hesse'nin açık mavi gözlerini gördüm.

"Ne tesadüf ki bugün sizinle yemek yedim" dedim.

Hesse "Hiçbir şey tesadüfen olmaz" diye yanıt verdi. "Burada sadece doğru konuklar buluşurlar. Bu, Hermetik Çember'dir..."

Demian

Hermann Hesse'nin yapıtlarıyla 1945 yılı dolaylarında tanıştım. O zamanlar Şili'de neredeyse tanınmıyor, sadece seçkin çevrelerde kıymeti biliniyor ve adeta gizli gizli tartışılıyordu. Doğrusunu söylemek gerekirse 1946'dan önce Hesse, Almanya'nın dışında adeta hiç ünlü değildi. Bununla birlikte o yıl ona Nobel Edebiyat Ödülü verilmesinin ardından yapıtları birçok dile çevrildi. Yine de kitapları sadece birkaç ülkede coşkuyla karşılanır. Örneğin, Anglosakson dünyası onun ağır ve sıkıcı olduğunu düşünür, bu yüzden de İngilizceye bütün eserleri asla çevrilmemiştir. Londra'ya bir gittiğimde kültürlü fakat Hesse'yi hiç duymamış bir arkadaşıma onun en iyi bilinen birkaç yapıtını bulup vermek için günlerce o kitapları aramak zorunda kalmıştım. Fakat İspanyolca konuşan dünyada durum epey farklıdır; Hesse o kadar yaygın olarak ve tekrar tekrar okunur ki İspanya ve Güney Amerika'nın gençleri onu adeta bir peygamber gibi görür.

Bir keresinde Meksikalı bir ressam, Hesse'nin *Boncuk Oyunu*'nda (*Magister Ludi*) geçen Müzik Üstadı'nı ve Josef

Knecht'i tasvir eden bir resminin renk diasını gösterdi. Yaşlı öğretmen piyano başında oturur halde, genç Knecht de öğretmeniyle birlikte çaldıkları ilk sonatta kemanla ona eşlik ederken görünüyorlardı. Meksikalı ressam, kitaptan öyle etkilenip heyecanlanmıştı ki sadece onun resmini yapmakla kalmamış, o resmi hediye olarak Hesse'ye de göndermişti.

Meksikalı ressamın bu coşkusunun anlaşılması bence gayet kolay. Bugün bile bir kitabın ihtiyaçlarım için gerekli olduğunu düşünsem onu bulmak için dünyanın yarısını dolaşırım, bana özel bir şey sunmuş o birkaç yazara sonsuz hürmet ederim. Bu nedenle kitapların kendilerine verilmesini bekleyen, ne araştıran ne de hayranlık duyan, günümüzün ruhsuz gençliğini asla anlayamam. Ben bir kitap almak için yemek yemeden idare edebilirdim; kitapları ödünç almayı hiç sevmezdim, saatlerce onlarla yaşayabileyim diye onların tamamen benim olmalarını isterdim.

İnsanların olduğu gibi, kitapların da kendilerine özgü kaderleri vardır. Onları bekleyen kişilere yönelip doğru anda onlara ulaşırlar. Yaşayan malzemeden yapılırlar ve yazarlarının ölümünden sonra da uzun süre karanlığa ışık tutmaya devam ederler.

Hesse'nin kitapları arasında ilk okuduğum *Demian*'dı. Bende olağanüstü bir etki bıraktı ve bana daha önce hiç erişmediğim bir güç verdi. Kitabın okuduğum baskısı İspanyolca bir çeviriydi ve muhtemelen bir hayli hata içeriyordu; yine de büyüsünü ve enerjisini koruyordu. Hesse, Baden'deki Verenahof Pansiyonu'nda yaşarken ve hâlâ gençken bu yapıta öyle yoğunlaşmıştı ki kitap yıllar sonra da hâlâ yaşam dolu ve can alıcıdır.

Nice hayatı etkilemek, Demian adlı kahramanın alın yazısıydı; kuşkusuz yüzlerce okur onun gücüne ve sakinliğine özenip onu taklit etmeye çalışmıştır. Onu okuduktan sonra ben de kendimi yeni bir adam gibi, bir mesaj ve bir işaretin taşıyıcısı gibi hissederek şehrimin sokaklarında dolanırdım. Dolayısıyla Hesse, her zaman bir edebiyat adamı ya da bir şairden daha fazlası olmuştur, sadece benim için değil insanlığın tüm kuşakları için. Onun büyülü kitapları çoğunlukla dine mahsus alanları derinlemesine araştırır ve bunlar benim için önemli olan kitaplardır: *Demian*, *Doğu Yolculuğu*, fantastik *Otobiyografi*, *Siddhartha*, *Boncuk Oyunu*, *Bozkırkurdu* ve *Narziss ve Goldmund*.

Demian gerçekte fiziksel bir varlık değildir çünkü romanın anlatıcısı Sinclair'den asla ayrı değildir. Aslında Demian, Sinclair'in kendisidir; onun en derin benliği, hepimizin derinliklerinde var olan bir tür arketip kahramandır. Kısacası Demian değişmeden, bakir kalan öz Benlik'tir ve kitap, onun üzerinden varlığın büyülü özü hakkında açıklamalar yapmaya çalışır. Demian, delikanlı Sinclair'e özellikle ergenlik yılları boyunca kaos ve tehlikeyle baş edebilsin diye onun kendi içinde var olan bin yıllık varlığın kurtarıcı farkındalığını sağlar. Birçoğumuz kendi hayatımızda Demian gibi insanlarla karşılaşmışızdır, hani şu kendilerinden emin olan ve sonuç olarak da bizim saygı ve hayranlığımızı kazanan genç adamlar... Fakat aslına bakarsanız hepimizin içinde Demian bulunmaktadır. Kitabın sonunda Demian, bir sahra hastanesindeki yatakta uzanmakta olan Sinclair'e yaklaşır ve onu öperken şöyle der: "Dinle ufaklık; bana tekrar ihtiyacın olursa bir at üstünde ya da bir trende böyle uluorta gelmemi bekleme. Beni kendi içinde ara." Hesse bunu Avrupa'yı sarmış olan savaş yüzünden kendi ülkesini terk etmek üzereyken, büyük ıstırap duyduğu bir zamanda yazdı. O, Demian'ı kendi içinde bulmaya mecbur bırakılmıştı.

Bu mesaj, kitabın içinde kelimesi kelimesine ifade edilmez; onun yerine büyülü bir biçimde ima edilir. Üstelik bu simgesel hakikat ancak sezgiyle anlaşılabilir fakat ortaya çıktığında bütün varlığı aydınlatır; bu nedenle uzun yıllar önce şehrimin sokaklarını hayatıma yeni bir şeyin girmiş olduğunu hissederek dolaşıp durabildim.

Abraxas[3]

Hayat, ışık ve gölgelerin bir ilişkisi olsa da bunun öyle olduğunu asla kabul etmeyiz. Daima ışığa ve yüksek zirvelere uzanırız. Çocukluktan itibaren, ilk dini ve akademik eğitim aracılığıyla, salt ideal bir dünyaya uyan değerler öğretilir bize. Gerçek hayatın gölgeli yanı görmezden gelinir ve Batı Hıristiyanlığı, hayatın bu yanını yorumlamak için kullanılabilecek hiçbir şey sunmaz. Bu yüzden Batı'nın genç adamları aslında hayatı oluşturan ışık ve gölgenin birleşimiyle baş edemezler; varlığın gerçekleri ile mutlak olanların önceden verili olan sanıları arasında hiçbir bağlantıya sahip değillerdir. Hayatla evrensel simgeler arasında ilişki kuran bağlar bu nedenle kopuktur ve dağılma başlar.

Doğu'daki, özellikle de Hindistan'daki durum ise çok farklı. Doğa temeli üzerine kurulu antik bir medeniyet olarak orası çok-yüzlü tanrıların evreni kabul edilir; bu nedenle de Doğulu insan ışık ile gölgenin, iyi ile kötünün eşzamanlı varlığının farkına varabilir. Mutlak şeyler yoktur, Tanrı böyle zararsızsa şeytan da öyledir. Ama böyle bir kavrayışın karşılığı doğrudan Doğa'nın kendisine bir övgüdür. Sonuç olarak bir Hindu, kendini Batılıdan daha az bireyleşmiş bulur; azıcık daha fazla doğanın bir parçası, kolektif ruhun içinde bir unsurdur.

Batılı Hıristiyan'ın artık yüzleşmek zorunda olduğu mesele, bireyselliğini kaybetmeden ışık ile gölgenin, Tanrı ile şeytanın

---

3. Eski çağlarda kavimlerin papirüs ve ceylan derisi üzerine yazdıkları, büyülü olduğuna inanılan Yunanca söz dizisidir. Çeşitli eşyaların üzerine bir nevi tılsım olarak yazıldığı ifade edilir. Hesse'nin *Demian* adlı romanında ise iyi ile kötüyü içinde barındıran bir tanrı olarak geçer. (ç.n.)

ortak varoluşunu kabul edip edemeyeceğidir. Bunu yapabilmek için kişileştirilmiş İsa'dan önce Hıristiyan olan, ondan sonra ise yaşayabilir bir surette süregelen Tanrı'yı keşfetmek zorunda kalacaktır. Böylesi bir tanrısal varlık, Atlantis'in Mesih'i olurdu ki o, alenen bir kez var oldu ve var olmaya da hâlâ devam ediyor - bugünkü medeniyetimizin derin suları altında kalsa bile. Yine böyle bir tanrı, aynı anda hem Tanrı hem de şeytan olan Abraxas olurdu.

Abraxas'ı ismen ilk duyduğum yer *Demian*'dı ama onu çocukluğumdan beri sahiden biliyordum. Onun varlığını And Dağları'nın kalbinde ve sahillerimize vuran Pasifik Okyanusu'nun akıl sır ermez derinliklerinde hissetmiştim. Bu *ignis fatuus*,[4] onda var olan cennet ve cehennemin alevleri, bu dalgaların köpüğünde bile alevlenirdi.

Abraxas, İsa'dan çok önce var olan Agnostik bir tanrıydı. Aynı zamanda Atlantis'in Mesihi'yle bir tutulabilir, ayrıca Güney ve Kuzey Amerika'nın asıl yerlileri -ki aralarında benim ülkemde yaşamış yerliler de vardı– tarafından başka isimlerle tanınır. Hermann Hesse Abraxas'ı şöyle anlatır:

Ateşi dikkatle izle, bulutları gözle; alametler görünüp ruhunda sesler ortaya çıkmaya başladığında kendini onlara bırak, öncesinde bunu yapmanın uygun ya da iyi bir şey olup olmadığını merak etmeden yap. Tereddüt edersen kendi varlığını berbat edeceksin, seni kuşatan burjuva görünüşten birazcık daha fazlası olacaksın ve bir fosil haline geleceksin. Tanrımız Abraxas diye adlandırılır ve o aynı anda hem tanrı hem de şeytandır. Onda

4. Ignis fatuus (*Lat.*): "Ahmak ateş" anlamına gelir. Bazı geceler bataklıklarda görülen ve bozunmuş, organik maddelerden çıkan gazların yanması sonucu beliren alevdir. Buradan hareketle kötü bir ortamda beliren iyiliği, zor durumlarda insanda oluşan umudu anlatmak için kullanılan bir deyimdir. (ç.n.)

hem ışığın hem de gölgelerin dünyasını bulacaksın. Abraxas ne senin düşüncelerine ne de rüyalarına karşıdır ama normal ve ulaşılmaz olursan senden vazgeçecektir. Seni terk edecek ve düşüncelerini pişireceği başka bir kap arayacaktır.

Modern Hıristiyan ve Batılı dünya bir bütün olarak artık bir kriz noktasına vardı ve aleni tercihler pek de cazip değil. Ne tarihimizin güzelliğini bozan şu gelecek felaketlerinden birini istiyoruz ne de Doğu'nun standartlarımızı geri dönülmez biçimde düşüren ve insanlıktan çıkaran yolunu. O zaman belki de geriye kalan tek olabilirlik Abraxas'tır; yani ruhlarımızın iki saf arketipin birleşimini bulmak umuduyla hem dışa hem de içe doğru, hem ışığa hem de biyografik köklerimizin derin gölgelerine doğru yansıtılmasıdır. Bu saf arketip, kendi içimizde olan ve uzun süre önce tıpkı Atlantis gibi bilincimizin derin sularına gömülmüş olan tanrının özgün imgesi olurdu. Bu nedenle Abraxas ayrıca Tam İnsan anlamına gelirdi.

Narziss, Goldmund ve Siddhartha

Hesse'nin yapıtlarına aşina olanlar Narziss, Goldmund ve Siddhartha adlarını iyi bilir. Onlar aynı zamanda epey yaygın olan figürlerdir çünkü Hesse'nin kitapları her zaman aynı olan bir temayı içerir. Dolayısıyla Sinclair ve Demian'ın aynı kişi olması gibi Narziss ve Goldmund da insandaki iki temel eğilimi temsil eder: derin düşünme ve eylem. Benzer şekilde Siddhartha ve Govinda da teslimiyet ve başkaldırıyı simgeler. Bunlar bireysel olarak hepimizin içinde olan niteliklerdir; kendimizi severiz ama aynı zamanda başkalarına karşı da iyilikseverizdir; içedönüklük ve dışadönüklük arasında kalırız. *Boncuk Oyunu* sevgi, acıma ve anlayış temalarını içerir ve bu temaları Almanların müziksever ruhları için çok değerli olan fügler ve arabesklerin içinde geliştirir. Hesse'nin değindiği kavramlar Hinduizm'den, Çin Taoculuğundan, Zen Budizmi'nden, hatta matematikten etkilenir; ama bir Bach fügü ya da Leonardo tarafından yapılmış bir resim kadar saf bir biçim içine hep beraber sokulurlar.

Hermann Hesse'yle ilk tanıştığımda onu Goldmund'dan çok Narziss'e benzettim. Seyyahlığa son vermişti ve Montagnola'da çekildiği inzivasında kendi içine döndüğü bir hayat yaşıyordu. Bununla birlikte hem Narziss hem de Goldmund hayatının sonuna dek onunla var olmaya devam etti. Kendi adıma konuşacak olursam, o zamanlar ben Narziss'ten çok Goldmund'a benziyordum. Ayrıca Siddhartha gibi, çeşitli kılıklarda Hesse'yi ziyaret ederek bu bilge varlıkla birçok kez tanışacaktım. O ilk görüşmemizde yanımda seyyahların kullandığı türden bir sırt çantası ve koltuğumun altında bir kitap taşıyordum. Gençtim ve ülkemden ilk ayrılışımdı.

Haziran 1951'de İsviçre'ye ilk gidişimde çok az kişinin Hesse'nin nerede kalıyor olduğunu bildiğini anladım ve de ancak Berne'de, o da birçok kişiye sorduktan sonra Hesse'nin tahmini olarak nerede olduğunu öğrenebildim. Lugano'ya giden trene bindim, orada daha çok kişiye sordum; bana onun Castagnola'da yaşadığını söylediler. Bir otobüse binip oraya gittiğimde tek öğrendiğim ise Hesse'nin evinin aslında Montagnola'da olduğuydu. Başka bir otobüs beni karlarla kaplı Alp Dağları ve Lugano Gölü manzarasına sahip o dağ köyüne götürdü. Otobüs dar sokaklardan geçerek en sonunda varacağı yere ulaşana kadar yokuş yukarı ilerledi. Sonra otobüsten benimle birlikte genç bir hanım da indi, ona Hesse'nin nerede yaşadığını bilip bilmediğini sordum. Onun ev işlerini yapan kişi olduğunu ve onu takip etmemi söyledi.

Biz bahçenin girişine ulaşana kadar hava çoktan karardı. Kapının üstünde Almanca bir tabela vardı: "Bitte keine Besucher" – Ziyaretçi giremez. Genç kadının peşi sıra kapıdan içeri girdim ve uzun ağaçlarla sınırlanmış bir yol boyunca yürüdüm. Ön kapıda eski Çinceden bir çeviri olduğunu sonradan öğrendiğim, Almanca bir başka söz daha vardı:

Meng-Tse'nin Sözleri

Bir insan ihtiyarlığa eriştiğinde
Ve üstüne düşeni tamamladığında
Huzur içinde ölme fikriyle
Yüzleşmeye hakkı var.
Başkalarına ihtiyacı yok
Onları tanıyor, haklarında yeterince şey biliyor.
İhtiyacı olan şey huzur.
Bu adamı ziyaret etmek, onunla konuşmak
Ya da bayağılıklara maruz bırakmak iyi değil.
Uzak durmalı evinin kapısından
Sanki orada kimse yaşamıyormuş gibi.

O an bu kitabeyi okumak için hava çok karanlıktı, bu yüzden de genç hanım kapıyı açıp beni içeri buyur ettiğinde öylece içeri girdim. Loş koridordaki ufak bir masanın yanında duran bir sandalyeye oturmamı söyledi ve kartımı rica etti. Kartım yoktu, bu nedenle ona kitabımı, *Neither by Sea nor Land*'i, verdim. Onu özellikle Hesse için getirmiştim ve İspanyolcada Hesse'ye ithaf etmiştim.

Genç hanım koridorda aşağı doğru gitti; dünyadan uzak olan o atmosferde beklerken etrafımı sandal ağacı kokusunun sardığını hissettim. Sonra yan kapı açıldı, beyaz giyinmiş narin biri gölgeler içinde belirdi. Bu Hesse'ydi. Ayağa kalktım fakat onu açık seçik göremedim, ta ki birlikte koridordan ayrılıp büyük pencereleri olan bir odaya girene kadar. Gözleri çok parlaktı, yüzü ince olmasına karşın açıkça gülümsüyordu. Tamamen beyaz kıyafetler giymişti, bir çileci ya da tövbekâr gibi görünüyordu. O zaman fark ettim ki sandal ağacı kokusunun kaynağı oydu.

"Kusura bakmayın ama tuhaf bir zamanda geldiniz" diyerek konuşmaya devam etti: "Dün tatile çıkmayı planlıyorduk fakat eşimi bir arı soktu ve gezimizi ertelemek zorunda kaldık. Burada her şey karman çorman, haydi çalışma odama geçelim."

Tavana kadar uzanan kitaplıklarla kaplı oturma odasından geçip daha küçük başka bir odaya girdik. Odanın ortasında bir masa vardı ve burada da duvarlar kitaplık ve resimlerle kaplıydı. Hesse sırtı pencereye dönük biçimde oturdu, dağların üzerinden batan güneşi ve uzaktaki gölü görebiliyordum. Masadaki kâğıtlar toplanmıştı, Hesse'nin yüzünü görecek şekilde masanın yanına oturdum. Hesse gülümsemeye devam etti ama tek bir kelime etmedi. Sükûnetin odayı sarmasını bekliyor gibiydi.

Anın önemini hissettim ve artık –o anı anlatırken– o yılların hayatımın en etkileyici yılları olduğunu, o zamanlar bütün varlığımın bir görüşme sırasında tir tir titreyebildiğini görüyorum; hakikaten de hâlâ buluşmaların olduğu bir dönemdi. Orada duyduğum saygının muhatabı olan kişinin önündeydim. Onunla görüşmek için denizleri aşmıştım ve bana gösterdiği misafirperverlik, kutsal yolculuğuma başladığımda hissettiğim duygularla uyum içindeydi. Hermann Hesse, belirli bir yaşta değilmiş gibi görünüyordu gözüme. O zaman yetmiş üçünü yeni devirmişti; fakat gülümsemesi genç bir adamınki gibiydi, bedeni de ruhen öyle disipline edilmiş görünüyordu ki beyaz keten kıyafetler içinde saf çelik kaplama bir çakıya benziyordu.

"Uzun bir yoldan geldim" diye söze başlayıp şöyle devam ettim: "Fakat kuşkusuz benim ülkemde çok iyi tanınıyorsunuz..."

"Kitaplarımın İspanyolca konuşulan ülkelerde bu kadar çok okunması garip" diye yanıt verdi. "Latin Amerika'dan sık sık mektuplar alıyorum. Kitapların yeni çevirileri hakkında, özellikle de *Magister Ludi*'nin[5] çevirisi hakkında ne düşündüğünüzü anlatmanızı çok isterim."

Ona ne düşündüğümü anlattım ve ayrıca *Narziss ve Goldmund*'un çevirisinin, aslının hem ruhunu hem de anlamını koruduğunu söyledim. Ondan sonra daha genel konularda konuşmaya başladık.

"Narziss ile Goldmund, ruhun iki karşıt eğilimini temsil ederler" dedi. "Bunlar, derin düşünme ve eylemdir. Bununla birlikte bunlar bir gün bir potada erimeye başlamalı..."

"Demek istediğinizi anlıyorum" diye araya girdim. "Çünkü ben de bu gerilimle yaşıyorum ve iki uç arasında sıkıştım. Düşünmenin huzuru hayallerimi süsler ama yaşama zorunluluğu her zaman beni eyleme iter..."

"Kendinizi akışa bırakmalısınız, tıpkı gökyüzündeki bulutlar gibi. Direnmemelisiniz. Tanrı bu dağlarda, bu gölde var olduğu kadar sizin talihinizde de vardır. Bunu anlamak çok zordur çünkü insan Doğa'dan uzaklaştıkça uzaklaşıyor, tabii kendinden de..."

"Sizce Asya'nın bilgeliği yardımcı olabilir mi?" diye sordum.

---

5. Türkçede *Boncuk Oyunu* adıyla yayımlanmıştır. (ç.n.)

"Upanişadların ya da Vedanta'nın bilgeliğinden daha çok Çin'in bilgeliğinden ilham almışımdır" diye yanıt verdi ve devam etti: "*I Ching*[6] bir hayatı dönüştürebilir..."

Dışarıda akşamüstü göğünün rengi solmaya başladı; ince mavi bir ışık pencerelere renk verdi ve Hesse'nin ince bedeninin üzerinde kımıldanıyordu.

"Söyleyin, huzuru burada, dağlarda bulabildiniz mi?"

Hesse, tatlı gülümsemesi hiç kaybolmamakla birlikte bir süre sessiz kaldı. Adeta akşamüstü ışığının nazik mırıltısını ve etrafın sessizliğini dinliyorduk, ta ki Hesse en sonunda şunu diyene kadar:

"Doğaya yakın olduğunuzda Tanrı'nın sesini dinleyebilirsiniz."

Nihayet ayrılma vaktinin geldiğini fark edene dek yerimizden kıpırdamadık. Hesse yaptığı küçük bir suluboya resmi bana verdi, arkasına da şöyle yazdı: "Ricordo di Montagnola."[7] Resim yapmayı severdi ve iyi bir suluboya ressamıydı. Kapıya kadar bana eşlik etti ve eski bir dost gibi elimi sıkarken şöyle dedi: "Başka bir sefere beni artık burada bulamayabilirsiniz."

Bu, benim onunla ilk görüşmemdi. O akşamüstü Hesse'ye benim sorduğum gibi, ya da Siddhartha'nın Buda'ya sorduğu gibi sorular soracak kadar genç olanlar bu görüşmenin bende bıraktığı tesiri anlayacaklardır.

Montagnola'nın dar sokaklarından geçtiğim dönüş yolunda bir otobüs bulamadım ama genç bir adam motosikletiyle beni Lugano'ya kadar götürdü. Aynı gece kendimi Floransa'da buldum, Rönesans büyüsüyle dolu o şehirde. Fakat o zamanlar savaş sonrası yıllarıydı ve fakirleşen İtalya hâlâ dolarda ve işgal birliklerinin içkisinde kendine sığınacak bir yer arıyordu.

---

6. I Ching: *Değişimler Kitabı*. Çin klasik metinlerinin en eskisi kabul edilen bilgeliğin kitabı. Asya'nın Tao öğretisinin temellerinin göründüğü ilk metinlerdendir. (ç.n.)
7. (*İt.*) Montagnola Hatırası. (ç.n.)

Şehirler ve Yıllar

Hermann Hesse'yle bir sonraki görüşmeme dek aradan birçok yıl geçti; yine de o kadar süre boyunca yazışmaktan vazgeçmedik. Genelde mektupları kinayeli ve üstü kapalıydı. Aramızdaki ilişkinin garipliğine yalnızca hayret edebiliyorum. Yıllar, kıtalar ve kültürel geçmişler bizi birbirimizden ayrı koysa da yavaş yavaş öyle hakiki bir dostluk kuruyorduk ki bu, kaderin işiymiş gibi geliyordu. Öğretmen ve Büyücü olan dünyaca ünlü yazar, dünyanın en uzak köşesinde neredeyse kaybolup gitmiş olan küçük bir ülkeden gelmiş genç ve tanınmayan bir yazara elini uzatmış ve onu arkadaşı yapmıştı, hatta son günlerinde "Kendi yaşımda arkadaşlarım kalmadı artık, sadece benden daha genç olan arkadaşlarım var" diyecek kadar.

1953'te Hindistan'a gitmemin ardından Hesse'den daha sık haber almaya başladım çünkü antik Hint bilgeliğine doymuş olsa da hâlâ bu konuya kendini kaptırıyordu. Hindistan'a bir diplomat olarak gittiğimi söylememiştim çünkü onun gözünde bir seyyah olarak kalmak istiyordum, tıpkı İsviçre'de değneğim ve sırt çantamla beni ilk gördüğündeki gibi.

Hindistan'daki yaşamım ve deneyimlerim *The Serpent of Paradise* adlı kitabımda anlatılıyor. Buraya sadece şunu ekleyeceğim, ona bir şey göndermediğim ya da çaba sarf ederek kendini germek istemediğini söyleyen o münzeviden bir şey almadığım tek bir yıl geçmedi. Bazen fotoğraflar, bazen de resimler, şiirler ya da kitaplar... Bir keresinde, Tibet hakkında yazdığı bir makalenin bulunduğu bir gazete kupürünün üstüne, adının hemen yanına İspanyolca "Saludos"[8] yazmıştı. Bizimkisi kesinlikle edebi dostluk değildi; daha çok, zaman ve uzamın engellerini aşan büyülü bir buluşmaydı.

8. (*İsp.*) "Selamlar" anlamına gelir. (ç.n.)

Montagnola, Lugano Gölü'nün üzerinde yükselen küçük bir kasabadır ve bakımlı evlerin sıralandığı, temiz, dar sokakları vardır; Hesse Ticino'yu resmettiği suluboya resimlerinde bu evlerin daha eski olanlarından birkaçının aynısını çizmiştir. O, pencereleri ağaçlı bir bahçeye ve yuvarlak tepelere bakan eski bir evin bir dairesinde yıllarca yaşadı. Oranın yaz sıcağıyla kavrulan bir öykü olan *Klingsor'un Son Yazı*'nı da o evin balkonunda yazdı.

O bahçede taş basamaklara oturup evin balkonuna ve tuhaf korkuluklarına bakmak için oraya sık sık gitmişimdir. O ev, Napolyon'un Rusya'yı işgal eden ordusunda paralı asker olan İsviçreli mimarlardan biri tarafından inşa edilmişti. Paralı askerler, uzun süren geri çekilmeden sonra, Moskova'yı yeniden inşa etmek için orada kaldılar. Sonradan İsviçre'ye zengin adamlar olarak döndüler ve paralı mülk sahipleri oldular. Bu güzel evi sıcak ve kurak yaz günlerinde de karla kaplı olduğu günlerde de gördüm. Evin girişini koruyan çınar ağaçlarından kuru sonbahar yapraklarının dökülüşlerini izledim ve bahçede bahar çiçeklerinin filizlendiğini gördüm.

Oradaki son yıllarında Hesse bir tepenin üzerinde tek başına duran, meyve dolu büyük bir bağ ve gölgelik ağaçlara sahip bir başka evde yaşadı. O ev, Hesse'nin bir arkadaşı tarafından inşa edilmiş ve ölene kadar oturması için ona verilmişti. Bizim ilk buluşmamız işte o evde gerçekleşmişti ve yıllar sonra tekrar gideceğim yer de orasıydı.

Montagnola'ya giderken bu kez Locarno ve Ascona'nın yarı İtalyan yarı İsviçreli güzel şehirlerinden geçtim. 1959'un 1 Mart'ıydı ve hemen hemen sekiz yıl geçmişti. Ülkemi Hindistan Büyükelçisi olarak temsil ediyordum. Bu, yeni bir vücut bulmaydı; farklı giysiler içindeki Siddhartha arkadaşıyla buluşmak için dönüyordu.

Araba kasabanın dar sokaklarında yavaş yavaş yukarı çıkıyordu ve bir han kapısının önünde nihayet durdu. Orada hanın sahibi Bay Ceccarelli'yle sohbet ederken karısı da bana Hesse'yle bir görüşme ayarlamak için onun evini aradı. Hesse o öğleden sonra benimle görüşmeyi kabul etti.

Eve doğru yürüdüm, tanıdık kapılardan geçtim ve kısa süre sonra büyük pencereli odaya kabul edildim. İşte, bir kez daha Hesse'yle birlikteydim. Hesse o zaman seksen yaşındaydı fakat yüzü değişmemişti – gerçi gülümsemesinde üzüntünün izlerini gördüğümü biliyordum.

Artık önceki ziyaretimdeki gibi seyyah olmadığımı hissettim. Asya'nın sert iklimi ve hareketli geçen yıllar üzerimde iz bırakmıştı. Buna rağmen bu yeni karşılaşmadan derinlemesine etkilendim.

Bayan Hesse odaya girdi; onun, kocasından bir hayli genç olduğunu fark ettim. Mesafeliydi ve gülüşü birazcık çekingendi. Hesse Hindistan'daki güncel olaylar hakkında bana sorular sorarak sohbete koyuldu. Sonra kendi Hindistan ziyaretini hatırladı.

"Hintliler asil bir halk, acı çekmek için yaratılmışa benziyorlar" diye konuşmaya başlayıp şöyle devam etti: "Yıllar önce Hindistan'daydım, o gezim babama ve dedeme hürmetin bir ifadesiydi. Dedem Hindistan'ı iyi bilirdi, oradan dönerken yanında Krishna'nın o gün bugündür sevdiğim ufak bir heykelini getirirdi. Ayrıca Hindistan'da iyi bir arkadaşım var, Kalküta'da yaşayan Profesör Kalidasa Nath. Hâlâ hayatta olup olmadığını merak ediyorum. Döndüğünüzde belki siz öğrenebilirsiniz, eğer hâlâ yaşıyorsa ona selamlarımı söyleyin. Romain Rolland'la birlikte bir kere beni ziyaret etmişlerdi."

Hesse'ye onu bulacağıma söz verdim ve kendisine birkaç şey getirdiğimi söyledim. Yakması için sandal ağacından birkaç dal ve muson yağmurları altında karanlık bir yol boyunca yürüyen iki kadını resmeden eski bir minyatür verdim. Minyatürdeki kadınlardan biri elini nazikçe diğerinin omzuna dayamıştı.

"Belki bu Prenses Fatima'dır" diyerek şöyle devam ettim: "Hani *Doğu Yolculuğu* adlı kitabınızda aradığınız..."

Hesse gülümsedi ve resme baktı. Eşine minyatürü gösterdi ve arkadaşının omzuna dayanan genç kızın elini işaret etti. Sonra "Çok sevimli bir el" diye mırıldandı.

Resmin arkasına şöyle yazmıştım: "Hermann Hesse için, simgelerin dünyasından." Notu Hesse'ye gösterdim ve dedim ki: "Bunu yazdım çünkü siz kendi simgelerinizi ve kendi masalınızı yaşadınız ve de onları kendi yazdıklarınızda geliştirip büyüttünüz."

Bayan Hesse odadan çıktı, sonra bir şişe şarapla döndü, şişeyi masaya koydu. Hermann Hesse minyatürü şişeye dayadı ve ona bakmaya devam etti.

"Locarno'dan yeni geldim" dedim. "Orada Profesör Jung'u gördüm. O da simgelere kendini kaptırmıştı, onları çözümleyip yorumluyordu. Hintlilerin onun çalışmalarına bu kadar az değer vermesi bana hep tuhaf gelmiştir."

Hesse "Nedeni şu" diyerek anlatmaya başladı. "Hindistan simgeleri yorumlamıyor, onları yaşıyor. Bu yüzden kitabım *Siddhartha*'nın Hindistan'da yayımlanması için yirmi yılın geçmesi gerekti. Hintçe, Bengalce ve başka birkaç Hint diline daha yeni çevrildi. Üstelik kitabım simgelerin anlamını açıklamıyor bile... Hintlilerin bu mesafeli halini çoğu kez bir tür 'zihinsel kendini yüceltme' olarak düşünmüşümdür, bununla birlikte içerisinde belli bir direnç var. Özellikle de her tuhaf ve yabancı şeyin hemen asimile edildiği Japonya'nın aksine... Bu 'zihinsel kendini yüceltme' büyük ihtimalle gerekli olan bir savunma mekanizması."

"Evet" dedim. "Hindistan tam anlamıyla kendi bin yıllık yaratımında dönüp duruyor. Bugünün Hintli yazarları tamamen kutsal edebiyatlarının gelenekleri içerisinde çalışıyorlar. Geçmişe, ırklarının Kolektif Bilinçdışı'na gömülmüşler ve yazıları esasında bir ritüel. Böyle olunca da onlar sadece yazar değil, kutsal bir görev sahibi rahipler."

"Ve bu da Budizm'in Hindistan'da gözden kaybolmasının nedeni" dedi Hesse. "Aşırı düşünseldi ve dünyanın simgelerini reddetti... Fakat Jung'a tekrar dönecek olursak, bence o simgeleri açıklamakta gayet haklı. Jung koca bir dağ, olağandışı bir dâhi... Onunla ilk kez yine simgeler üzerine çalışan ortak bir arkadaş aracılığıyla tanıştım, ama onu yıllardır görmüyorum. Bir dahaki ziyaretinizde ona Bozkırkurdu'nun selamlarını iletin..."

Hesse neşeyle güldü, sonra ona dedim ki: "Jung'a Benlik hakkında gerçekten ne düşündüğünü sordum, Batılı insanın Mesih'i Benlik olarak gördüğünü söyledi."

Hesse hemen ciddileşti. Sessizleşti ve şarap şişesine dayalı minyatüre uzun süre bakıp durdu. En sonunda karısına dönüp şöyle dedi: "Hindistan'dan gelen Şilili arkadaşımıza bir şey bulmalıyız."

Bayan Hesse gülümsedi, sonra ayağa kalkıp "Ben buldum bile" dedi. Duvarları kaplayan kitap raflarından birine doğru gitti; küçük, seyyar bir merdivene çıkıp üstteki rafta duran bir kitaba erişmek için uzandı. Kitabı alıp kocasına getirdi ve sonra onun arkasında durup başının arkasına nazikçe masaj yaptı. O an hatırladım, Bayan Ceccarelli Hesse'nin kireçlenmeden mustarip olduğunu anlatmıştı ve onunla tokalaşırken elini sımsıkı sallamamam gerektiği konusunda uyarmıştı.

Ardından Hesse kitabı bana uzattı. Kitap kendi elyazısıyla, Gotik yazıyla yazılmış ve kendisinin yaptığı suluboya resimlerle bezenmiş küçük bir kitaptı. Kitap *Piktor'un Başkalaşımı* olarak adlandırılmıştı ve Çin işi eski bir kutuya benzeyen bir mahfazanın içindeydi. Hesse kitabı aldı ve ilk sayfasına şöyle yazdı: "Şili ve Hindistan'dan gelen misafirimize."

Birer kadeh şarap içtik, ardından Hesse doğduğu yer Calw'ın yağlıboya resmini göstermek için beni yemek odasına götürdü. Resim nehir üzerine kurulmuş bir kemerli köprüyü gösteriyordu; oranın, Hesse'nin aşağıdaki sulara bakarken Goldmund ve Siddhartha'yı ilk düşündüğü yer olduğunu ve tıpkı Ganj gibi, o nehrin de denize ulaşmadan her şeyi silip süpürdüğünü düşündüm.

Hesse daha sonra odanın başka bir yerinde duran taştan bir büstü gösterdi. Bu, heykeltıraş bir arkadaşı tarafından yontulmuş Hesse'nin kendi başının büstüydü. Elini onun üstüne koydu, ben ise ona şunu sordum:

"Hayatın ötesinde bir şey olup olmadığını bilmek önemli mi?"

"Hayır, değil... Ölme eylemi Jung'un Kolektif Bilinçdışı'na düşmek gibi bir şey, oradan da forma, saf forma dönüşürsün..."

Birkaç dakika sessiz kaldı, sonra usul usul taştan heykelin kafasını okşadı.

Piktor'un Başkalaşımı

O gece Bayan Ceccarelli'nin hanında Hesse'nin verdiği küçük kitabı okudum. Cennete giden ve orada hem Erkek hem de Kadın'ı temsil eden bir ağacın önünde durduğunu fark eden genç bir adamın, Piktor'un hikâyesini anlatıyordu. Merakla ağaca bakıyordu ve ona şu soruyu sordu: "Sen, Hayat Ağacı mısın?" Ağaç hiç yanıt vermedi, buna karşılık Yılan ortaya çıktı; bunun üzerine Piktor yoluna devam etti. Her şeyi dikkatle inceliyordu ve gördüklerinden mest oldu.

Piktor'un Başkalaşımı kitabının
yazar Serrano'ya ithaf edilen baş sayfası.

Piktor'un Başkalaşımı kitabı için
Hermann Hesse'nin yaptığı resimlerden biri.

Yürürken Güneş ve Ay'ı temsil eden başka bir ağaç gördü. "Belki de sen Hayat Ağacı'sındır, öyle değil mi?" diye sordu. Güneş onaylarken gülüyor gibiydi, Ay da gülümsedi. Piktor'un her yanı kır çiçekleriyle kaplıydı. Hepsinin insanlar gibi bir yüzü vardı sanki; bazıları bol bol ve de anlayışlı bir biçimde gülerken bazıları da neşeli neşeli salınıyordu. Bazılarıysa ne hareket ediyor ne de gülüyordu; sanki kendi kokularından sarhoş olmuş gibi hüzünlülerdi ve kendi içlerine gömülmüşlerdi. Çiçeklerden birkaçı Piktor'a şarkı söyledi; bir tanesi ona leylakların özlem dolu şarkısını mırıldandı, bir başkası da bir mavi beşik ninnisi seslendirdi. Bir çiçeğin katı safir mavisine benzer gözleri vardı, bir başkası Piktor'a kendi ilk aşkını hatırlattı, yine bir diğeri ona çocukluğunda memleketindeki bahçelerde birlikte gezinirken duyduğu annesinin sesini anımsattı. Çiçeklerin çoğu şen şakrak kahkahalar atıyorlardı, bir tanesi ona dilini çıkardı. Küçük, pembe bir dildi, Piktor ona dokunmak için eğildi. Ona dokunduğu anda şarapla balın yabani acı tadıyla karşılaştı, bunun bir kadının öpücüğü olduğunu anladı.

Tüm bu çiçeklerin arasında tek başına duran Piktor'u özlemle korku arası karmaşık bir his sardı. Kalbi, sanki o yerin ritimlerine karşılık vermeyi arzular gibi hızlı hızlı çarpıyordu. Sonra birazcık uzakta çimlere uzanan bir kuş gördü. Kuş, ışık tayfının tüm renklerini yansıtan bir tavus kuşununki gibi tüylere sahipti. Piktor kuşun güzelliğinden etkilendi ve ona yaklaşıp şunu sordu: "Kişi mutluluğu nerede bulabilir?"

"Mutluluk mu?" dedi kuş. "Mutluluk her yerdedir; dağlarda, vadilerde, her çiçekte..."

Sonra doğrulup boynunu gerdi ve tüylerini salladıktan sonra yere çöküp tekrar hareketsiz hale geldi. Piktor kuşun birdenbire bir çiçeğe dönüşmüş olduğunu fark etti. Tüyler yaprak, pençeleri de kök olmuştu. Piktor şaşkınlıkla onu izlerken çiçek neredeyse dakikasında yapraklarını kımıldatmaya başladı. Bir çiçek olmaktan çoktan sıkılmıştı bile ve havada aygın baygın süzülmeye başladı. Bir kelebek haline gelmişti; yanardöner renkte, safi alevdi.

Piktor'un artan şaşkınlığına karşın bu mutlu kuş-çiçek-kelebek, onun etrafında daireler çizerek uçuyordu. Bir süre sonra süzülerek bir kar tanesi gibi yere indi ve Piktor'un ayaklarının yanında ürpererek durdu. Bir an için kanatlarını çırptı, sonra ansızın kızıl bir ışık yayan bir kristale dönüştü. Otların üstünde olağanüstü bir parlaklıkla ışıldıyordu.

Piktor gözünü ona dikmiş bakarken o yavaşça yerin içine doğru gözden kayboluyor gibiydi, sanki yeryüzünün ta merkezine çekiliyordu. Tam yitip gidecekken Piktor uzanıp onu tuttu. Elinde sıkı sıkı kavradı çünkü dünyadaki her riske karşı bir tılsım gibi görünüyordu.

O an Yılan yakındaki bir ağaçtan kayarak aşağıya doğru indi ve Piktor'un kulağına şöyle fısıldadı: "Bu mücevher seni olmak istediğin şeye dönüştürebilir. Fakat ortadan kaybolmadan ona dileğini çabucak söyle." Fırsatı kaçırmaktan korkan Piktor, gizli sözcüğü taşa fısıldadı ve birden bir ağaca dönüştü. Piktor hep bir ağaç olmayı istemişti çünkü ağaçların gücüne ve dinginliğine hayrandı. Çok geçmeden köklerinin toprağa battığını, dallarının gökyüzüne uzandığını hissetti. Gövdesinden yeni yapraklar ve yeni dallar filizlendi, bundan memnundu. Susuz kökleri topraktan suyu emdi ve dalları ormanın mahmur havasıyla serinledi. Böcekler kabuğuna yerleşti ve bir kirpi onun ayaklarını dibine barınak yaptı.

İçinde bulunduğu Cennet ormanında, etrafında gerçekleşen sürekli başkalaşımın farkına vardı. Çiçeklerin kıymetli taşlar haline gelmesini ya da kendilerini kuşlara dönüştürmesini izledi. Komşu bir ağacın ansızın bir çaya dönüştüğünü gördü. Bir diğeri bir timsah oldu, ama bir üçüncüsü bir balık olup sevinç ve mutluluk içinde yüzdü. Bütün evren bu değişim oyununda rol aldı; filler kayalara, zürafalar çiçeklenen dev ağaçlara dönüştü.

Bütün bu değişimin ortasında bir tek Piktor aynı kaldı. Durumunu anlamaya başladığında neşesini kaybetti, insanın pek çok yaşlı ağaçta görebileceği o yorgun, dalgın bakışı takınarak yavaş yavaş yaşlanmaya başladı. Bu olgu, ağaçlarla sınırlı değildi; atlar ve köpekler, hatta insanlar zamanla bozunmaya ve güzelliklerini kaybetmeye başlarlardı çünkü başkalaşım kabiliyetlerini kaybederlerdi. Günlerini üzüntü ve kaygıyla sonlandırırlardı.

Uzun bir aradan sonra sarı saçlı küçük bir kız Cennet'te dans ederken yolunu kaybetti. Mavi bir elbisesi vardı ve atlayıp zıplarken neşeyle şarkı söylüyordu. Varlığı ormandaki diğer canlıların hevesle dikkatini çekti; çalılar dallarıyla ona doğru uzandı ve birçok ağaç onun için meyvelerini aşağıya bıraktı. Gel gelelim kızcağız onların ilgilerini görmezden geldi. En sonunda Piktor'un bir ağaç olarak ayakta dikildiği küçük açıklığa geldi. Piktor ona baktığında geçmişe dair derin bir özlem duygusuyla ve çok geç olmadan mutluluğu yakalamak için duyulan yoğun bir arzuyla çarpıldı. Sanki bütün varlığı, ona varoluşunun anlamına odaklanmasını ve o anlamı bilincinin yüzeyine çıkarmasını emrediyormuş gibi hissetti. Geçmiş hayatını, Cennet'e girmeden önce bir erkek olarak yaşadığı yılları hatırladı. Özellikle de elleri arasında büyülü mücevheri tuttuğu zamanı anımsadı çünkü o an mümkün olan tüm değişimlerle beraber en hayatta olduğu zamandı. Sonra kuşu ve Güneş'le Ay'ı temsil eden çift cinsiyetli ağacı hatırladı. O böyle hatırlamaya devam ettikçe Yılan'ın tavsiyesinin ne kadar mahvedici olduğunu anladı.

Kız, Piktor'un yaprakları ve dallarının kıpır kıpır hareketlerini hissetti, ona baktığında tuhaf bir biçimde tedirgin oldu. Gölgeye oturup ağacın yalnız ve üzgün olduğunu sezgisel olarak anlamaya başladı, aynı zamanda onun bütüncül yalnızlığında asil bir şeyler olduğunu fark etti. Piktor'un sert gövdesine yaslandığında onun varlığının içinde devam eden çalkantıyı hissetti ve o da esrarengiz bir tutkuyla titremeye başladı. Az sonra ağlıyordu, elbisesine gözyaşları aktıkça bu acının neden olduğunu merak etti. Kendi yalnızlığında kimsesiz ağaca merhametle yaklaştığını hissetti.

Kızın duygularını anlayan Piktor, hayatının tüm güçlerini toplayıp genç kıza yönlendirdi. Yılan'ın aldatmacasının ne kadar korkunç olduğunu ve kendisinin ne kadar aptalca davrandığını artık fark etmişti. O an tek bir ağaç olarak, Erkek ve Kadın bir arada var olan ağacın imgesiyle kahrolmuştu.

Tam da o anda kırmızı kanatlı yeşil bir kuş yaklaştı ve ağacın çevresinde döndü. Kız onun uçuşunu izledi ve gagasından parlak, fosforlu bir şeyin aşağıya, otların yanına düştüğünü gördü. Düşen şeyi almak için eğildi ve onun nadide bir yakut olduğunu anladı. Taşı eline alır almaz kendini tedirgin eden karmaşık düşünceler yok oldu ve tek bir arzuyla doldu. Kız kendinden geçerek ağaçla bir olup gökyüzüne doğru yükselen yeni bir dala dönüştü.

Artık her şey mükemmeldi ve dünya düzene girmişti. O an Cennet bulunmuştu. Piktor, artık bir başına yaşlı bir ağaç değildi, tersine tamamlanmış ve bir bütündü, ayrıca Piktoria dediği yeni bir ad taşıyordu. Bu nedenle yüksek sesle ve net bir şekilde o adı haykırdı: "Piktoria!" Bu sözcük aynı zamanda "Victoria" ya da Victory'yi[9] de işaret ediyordu. Sonunda dönüştürülmüştü;

9. "Zafer" anlamına gelir. (ç.n.)

ebedi başkalaşımın hakikatini anladı, çünkü bir yarımdan bir bütüne doğru değişime uğramıştı.

O andan itibaren istediği kadar kendini dönüştürebileceğini biliyordu. Devam eden yaratılış gücü artık ona bırakılmıştı ve kendini bir yıldız ya da bir balık ya da bir bulut ya da bir kuş olarak yenileyebileceğini biliyordu. Ayrıca hangi biçimi alırsa alsın bir bütün olacağını, her imgede bir çift olacağını fark etti; içinde hem Güneş hem Ay'a sahipti ve aynı anda hem Erkek hem de Kadın'dı.

Montagnola'da o akşam, kitabı okumayı bitirip içindeki çizimlere bir kez daha baktığımda Hesse'nin sadece bir yıl önce yazdığı bir sözü düşündüm: "Bazı adamlar yaşlandıklarında çocukluklarının cennetvari halini bir kez daha yaşama armağanına sahip olurlar." Anladım ki bu, usta işi görünen Piktor'un masalının kilit noktasıydı. Gerçekten de tekrardan kazanılacak Cennet'in bir öngörüsüydü. Ardından o öğleden sonra Hermann Hesse'nin, eli taştan büstün üstündeyken yaptığı yorum aklıma geldi, demişti ki: "Biz forma, saf forma döneceğiz..."

Sabah

Ertesi sabah erken kalkıp Lugano Gölü'nün üzerine doğan güneşi seyretmek için bahçeye çıktım. Sonradan kendimi tekrar Hesse'nin evinde bulana dek kasabanın daracık sokaklarında aheste aheste gezindim. O zamana kadar güneş doğmuştu fakat geniş siperli bir şapka giymiş Hesse'yi bahçede, çitin yanında dikilirken görünce şaşırdım. Otları yakıyordu. Sonra beni fark etti ve kapıyı açmaya gitti.

Selamlaştık, sonra ona *Piktor'un Başkalaşımı*'nı yanımda taşıdığımı gösterdim. Kitabı aldı ve içindeki çizimlere birlikte bir kez daha baktık. Çizimleri ne kadar harika bulduğumu söyledim, neşeyle güldü ve dedi ki: "Kristaller, kuşlar, kelebekler, hepsi Yaratılış'taki gibiler."

"Ya Piktor?" diye sordum.

"Piktor hepsini kapsıyor; o hem onların hepsi hem de başka biri..."

"Demek istiyorsun ki o, Siddhartha'nın nehri; biçimlerin, Maya'nın ebedi nehri, öyle mi?" diye sordum.

"Ve de Bozkırkurdu'nun" diye yanıt verdi Hesse. "Bazı insanlar hem *Siddhartha*'yı hem de *Bozkırkurdu*'nu yazmış olabildiğimi anlayamazlar. Fakat onlar birbirini tamamlıyor; onlar, aralarında gidip geldiğimiz iki kutup..."

Hesse bir an durup *Başkalaşım*'a tekrar baktı. Ardından kendi kendine konuşur gibi dedi ki: "Beni ziyaret ettiğiniz dün, oğlumun doğum günüydü. Artık elli yaşında..."

Evden ayrılıp yokuş aşağı yürüdüm. Ağaçlar arasında bir açıklık bulunca kuru otların üzerine uzandım. Elimi otların arasından geçirdim, sanki başkalaşım taşını arıyordum, fakat bulamadım.

Sonradan aynı yoldan gerisingeri döndüm ve Hesse'yi bahçede hâlâ otları yakarken gördüm. Etrafını dumanlar sarmış olan Hesse, antik bir ritüeli yerine getiren biri gibi görünüyordu. Biri bahçe yolundan aşağı, bulunduğumuz tarafa doğru geldi; az sonra onun Hesse'nin eşi olduğunu fark ettim. Omzunda bir sepet taşıyordu ve yaklaşırken gri saçlarını cilveli bir şekilde düzeltti. O hareketin Hesse'yi memnun etmek niyetiyle yapıldığını anladım ve buna tanık olduğum için neredeyse kendimden utandım. O olgun kadının seksen yaşında bir erkeğe güzel görünmek istediğini düşünmek insanı duygulandırıyordu, bu onların ilişkilerinin ne kadar derin olduğunu gösteriyordu. Oradan ayrılmaya niyetlendim ama yürürken onların bahçe yolundan gidişlerini hâlâ görebiliyordum. Eşi önde, Hesse arkada, yabani otları toplayıp sepete dolduruyorlardı. Bunun, antik dönemdeki bilge Çinlilerin nasıl yaşamış olabileceğini gösteren şey olduğunu düşündüm. Gerçekten de Hesse yaşlı bir Çinli filozofa ya da kendi hikâyesindeki bilge ağaca benziyordu. Evin yanından geçerken Hesse beni tekrar gördü. Dönüp geniş siperlikli şapkasını çıkardı ve hoşça kal der gibi salladı.

Efendi Djü-dschi

Hindistan'da yazdığım *The Visits of the Queen of Sheba* adlı romanımın ilk kopyalarından birini Hesse'ye vermek için iki yıl sonra Montagnola'ya döndüm. Bir pazar günüydü, tarih 22 Ocak 1961'di ve kasaba bu kez karla kaplıydı. Her zamanki gibi önce Hesse'nin daha evvel yaşadığı eski eve gittim, oradaki çınar ağacının beyaz bir örtüyle kaplandığını gördüm.

Sonra tepeyi yavaş yavaş çıkarak Hesse'nin halihazırda yaşadığı evine doğru yürüdüm. O şekilde yürümek zordu ve bir otomobilin motor sesini duyduğumda geçmesi için yolun kenarına çekildim. Buna rağmen araba yaklaşınca durdu ve biri buzlucamdan bana el sallıyordu. Bu kişi Hesse'ydi ve arabayı eşi kullanıyordu. Arabaya bindim ve yola devam ettik.

Hesse "Şehirden yeni geldik" diyerek şöyle dedi: "Size bunu almaya gittik." Sonra bana bir *Neue Züricher Zeitung*[10] uzattı. Gazetenin pazar ekinde yayımlanmış şiirlerinden biri vardı.

Sonra da "Bugün bana sorabileceğiniz tüm sorulara yanıt vermek için bu şiiri kullanacağım" dedi.

Neredeyse çabucak eve vardık, sonra tanıdık oturma odasına geçtik. Hesse ve ben oturduk, iki yıl önceki halinden daha zayıf göründüğünü fark ettim. Ardından gazeteyi elime aldım ve şiiri okudum:

Kaldırılan Parmak

Efendi Djü-dschi, bize dendiğine göre
Sessiz ve nazik bir mizaca sahipti, öyle mütevazıydı ki
Sözcüğü de ilkeyi de reddederdi
Çünkü sözcük dış görünüştür, o ise titizlikle
Her görünüşten sakınmayı arzulardı.

Öğrenciler, keşişler ve keşiş adayları
Dünyanın anlamı ve en üstün mertebedeki iyi hakkında
Asil konuşmalar ve entelektüel ateşlemelerle meşgullerdi
O ise sessiz kalıp izliyordu
Herhangi bir taşkınlığa karşı tetikteydi.

10. Zürih'te yayımlanan nitelikli bir günlük gazetedir. (ç.n.)

Tüm sorularıyla birlikte ona geldiklerinde
Ciddi, bir o kadar da mağrur
Akıllarda antik yazıtların anlarını
Akıllarda Buda'nın adları
Akıllarda aydınlanma
Akıllarda dünyanın başlangıcı
Ve onun yıkılışı...
O ise sessiz kaldı
Sadece parmağıyla usulca yukarıyı işaret ediyordu.

Ve parmağının dilsiz, belagat sahibi işareti
Her zaman daha ateşli ve daha azarlayıcıydı
O konuşur, o öğretir, o över, o cezalandırır
O alışılmışın dışında öyle bir delip geçerdi ki
Dünyanın kalbini ve de hakikatin
Bu asil parmak kaldırışı anlayan bir müritten fazlası
O andan itibaren titrer ve uyanırdı.

Şiiri okumayı bitirdiğimde hemen Hesse'ye baktım ve parmağını kaldırdığını gördüm. Bir süreliğine birlikte öylece oturduk, pencerenin dışında usul usul yağan kar tanelerini izledik. Nihayet sessizliği bozdu:

"Sözcükler gerçekten bir maske" dedi ve anlatmaya koyuldu: "Doğru anlamı nadiren ifade ederler; aslında onu saklamaya meyillidirler. Eğer hayal gücünüzde yaşayabilirseniz o zaman dine ihtiyacınız kalmaz, çünkü hayal gücüyle ölümden sonrasını anlayabilirsiniz, insan Evren'le yeniden birleşebilir. Bir kez daha söylüyorum, bu hayattan öte bir şey olup olmadığını bilmek önemli değildir. Değerli olan, doğru türde işi yapmış olmaktır; eğer doğruysa o zaman her şey iyi olacaktır. Tanrı başkaları için ne ise Evren de –ya da Doğa– benim için odur. Doğa'nın insanın düşmanı olduğunu, fethedilen bir şey olduğunu düşünmek yanlıştır. Aksine Doğa'ya bir anne gibi bakmalı ve kendimizi huzurla ona teslim etmeliyiz. Bu tavrı takınırsak tüm diğer canlılar gibi, tüm hayvanlar ve tüm bitkiler gibi, Evren'e döndüğümüzü adamakıllı hissedeceğiz. Hepimiz Bütün'ün ölçülemeyecek kadar küçük parçalarıyız. İsyan etmek saçma; kendimizi yüce akışa bırakmalıyız..."

"Peki ya bireysel *persona?*"[11] diye sordum. "O her zaman direnir ve isyan eder. Doğu'da bireysellik, elbette Hıristiyan ülkelerde olduğu gibi var olmaz. Doğrusunu söylemek gerekirse, *persona* Hıristiyanlığın bir ürünü gibi geliyor, tıpkı aşkta olduğu gibi. Çünkü aşk, *persona*'nın bir yan ürünüdür. Kişilik olmadan, aşk var olamaz veya en azından sahiden tutkulu aşk olmaz."

Hesse benimle hemfikir gibi göründüğü için tahlilime devam ettim:

"Aynı şekilde, güzellik ya da en azından bireyleşmiş güzellik kavramı da *persona*'nın bir ürünüdür. Bu, Avrupa şehirlerindeki sokakların, meydanların ya da katedrallerin güzelliği kadar hareketin güzelliği ya da kişisel bir hayatın güzelliği için de geçerli. Doğa kuşkusuz ki güzeldir fakat farklı bir tarzdadır. İnsan bunu en iyi, Doğu'daki tapınakları ve anıtları düşününce anlar. Onlar sadece bir şelale ya da bir ormanın güzel olabileceği şekilde güzeldirler – tümüyle gayri şahsi bir tarzdadırlar. Floransa'nın güzelliğine tamamen kayıtsız kalan

11. Persona: C. G. Jung'un analitik psikolojisine göre başkalarıyla ilişki kurarken takındığımız "maske"dir, kişiliğimizin topluma göstermek istediğimiz şeklidir. Bir insanın evde, okulda ve arkadaşlık vd. ortamlarda farklı persona'larının olabileceği kabul edilir. (ç.n.)

Swamiler tanıyorum. *Persona* fikri henüz Doğu'ya ulaşmadı; kişisel olan, Batılı Hıristiyan düşüncesinde aşktan fazlası olarak anlaşılmadı. Bu bir eleştiri değil, gerçeğin sadece dile getirilmesidir. Sahiden Batı için *persona* fikri bizim hastalığımızın kaynağı olabilir, varoluşumuzun asıl laneti olabilir..."

Bir anlığına durup Hesse'nin, kitabı *Siddhartha*'yla ilgili sözlerini, özellikle de onun ilk yayım tarihiyle Hindistan'daki ilk yayımlanışı arasında yirmi yıl geçtiğine dair söylediklerini düşündüm. Bugün bile birçok tutucu Hindu, bu kitabın Doğu'nun Hıristiyan bir bakış açısıyla yapılmış yanlış bir yorumu olduğunu düşünür. *Siddhartha*, bireyleşmiş bir ruhun dramıdır ve kitabın kahramanı Siddhartha'nın, hayatının ikinci kısmında sergilediği bilinçli eylemleri aklın süregiden mevcudiyetinin sonuçlarıdır.

"Hinduların, kendi Veda'larının ve Bhagavad Gita'larının[12] etrafından düşünüp taşınmaya devam ettiklerini görmek tuhaf" dedim ve ekledim: "Yeni herhangi bir şey yaratmazlar, modern Hindistan'ın soyut ressamları bile işi Ramayana'nın yeniden yorumlanmasıyla sonuçlandırırlar."

"Fakat kuşkusuz ki bu iyi bir şeydir" dedi Hesse. "Bu, Hinduizm'in bütün gücüdür. Tek bir çizgi izler, dağılmaya karşı odaklanmayla ilgilenir. Unutma, insan aşırı kabullenişin farkında olmalıdır... Üstelik şunu unutmamalısınız: Hindular az okuyorsa bunun nedeni, İngilizlerin Avrupalı düşüncenin onlara ulaşması için tercüme edilmesine izin vermemesidir. Bence siz, özünde gerçekten Batı'yı savunmaya çalışıyorsunuz ve büyük ihtimalle bunun nedeni, Batı'nın bugün kaybediyor olması ve Doğu'nun bir kez daha yükselişe geçmesidir."

12. Veda'lar, Hint felsefesinin ilk izlerinin bulunduğu kutsal metinlerdir. Bhagavad Gita ise kutsal bir Hindu metnidir, edebiyat tarihindeki ve felsefedeki en önemli metinlerden biri kabul edilir. (ç.n.)

"Hayır" dedim. "Hiç de öyle değil. Doğu'ya duyduğum kadar Batı'ya sempati duymuyorum artık. Hiçbirine ait değilim, çünkü bir Güney Amerikalı olarak kendimi ikisinin arasında görüyorum."

Hesse, Efendi Djü-dschi gibi parmağını kaldırdı ve dedi ki: "Unutma, sözcükler maskelerdir..."

Tam o anda Bayan Hesse içeri girdi ve bizi yemek odasına davet etti. Yemek odası apaydınlıktı ve duvarda Hesse'nin doğum yeri olan Calw'ın resmi asılıydı. Hesse'nin bir zamanlar arkadaşı olan ev sahibinin dul eşi, Bayan Elsy Bodmer de diğer misafirdi. Hesse öğle yemeğinin Hindu tarzında servis edileceğini söyledi.

Sonra "Calw'da bir çocukken..." diye anlatmaya başladı. "Pazar günleri evde her zaman köri olurdu ve öğle yemeğini bizimle birlikte yemek için kolonilerden gelen çocuklar olurdu. Hem büyükannem hem de dedem Hindistan'ı derinlemesine bilirdi, ben de tanrı Krishna'yı onlardan öğrendim."

Sofrada Ticino kırmızı şarabı vardı; Hesse'yle birbirimizin şerefine kadeh kaldırdık. Parlak gün ışığı bardakların kristali üzerinde kımıldıyor, böylece renk tayfı masa örtüsünün üzerine düşüyordu. Hesse masanın diğer ucunda oturuyordu ve hâlâ elinde duran kadehiyle meditasyon yapıyor gibi görünüyordu; masadan yansıyan beyaz ışık gözlerinin mavisini artırmış gibiydi.

"Nasıl oluyor da buradayım?" diye sordum, sözcükleri usulca ve ağır ağır söyledim. "Nasıl oluyor da bu kadar uzaktan gelip kendimi bugün sizinle burada otururken bulma şansına eriştim?"

Hesse sessiz kaldı, kış güneşinin ışığından faydalandı ve sonra şöyle konuştu: "Hiçbir şey tesadüfen olmaz. Burada sadece doğru misafirler buluşur. Bu, Hermetik Çember'dir..."

O an anladım ki bu sözler, asla öylesine söylenmedi, saf bir simgesel âlemden su yüzüne çıkmışlardı. Hesse'nin bu gezinti ve seyahatlerime bir anlam verdiğini, bir zamanlar Siddhartha'nın Govinda'yla konuşması gibi onun da benimle konuştuğunu hissettim en sonunda. Sessiz kaldım, ona bakarken Efendi Djü-dschi'nin, kendi hareketini yine tekrarladığı duygusuna kapıldım.

Bir Mektup

Hindistan'a döndüğümde Hesse'ye şu mektubu yazdım:

Sizinle geçirdiğimiz o pazar günü için ve Doğu Yolculuğu kitabınızdaki Cemiyet'in bir üyesi olmaya benzeyen, Hermetik Çember'e dahil olma ayrıcalığı için size teşekkür etmek istiyorum. Aslında kendimi tıpkı o ebedi Cemiyet'in gerçekten bir üyesiymişim gibi hissettim ve Küsnacht'ta Dr. Jung'a sizin "doğru misafirler" ile ilgili dediklerinizi anlattım. Ne olursa olsun köprüleri bağlayan bu yolculuğa devam etmeye çalışıyorum. Geçenlerde I Ching kitabı bunun benim kaderim olduğunu açığa vurdu. Benim durumumda, köprüler Güney Amerika'yı Avrupa ve Asya'ya bağlıyor.

Buraya döndüğümde Efendi Djü-dschi hakkındaki şiirinizi yeniden okudum ve onun anlamını kavradığıma inanıyorum. Sözcüklerin bir maske olduğunu söylediniz ki bu doğru; fakat sözcüklerin diyaloğunun altında başka bir diyalog olduğu da doğru ve kulak vermemiz gereken işte bu ikinci diyalogdur çünkü gerçekten önemli olan tek şey odur. Bremgarten'deki kutlamanın[13] *temeli odur. Bozkırkurdu'nun selamlarını Profesör Jung'a ilettim. Gülümsedi ve sizi sordu. Birçok şeyden bahsettik ve onun da Efendi Djü-dschi'nin hareketinin nasıl yapıldığını bildiğini keşfettim...*

Son Görüşme

Hesse'nin kitabı *Doğu Yolculuğu* yazarın, kitaplarında yarattığı karakterlere ve onu etkilemiş olan mitlere verdiği kadar kendine de sunduğu bir kutlamanın hikâyesidir. Bu kutlama ya da şölen hayatının yarı yolunda, bir arayış –ya da Doğu'ya yaptığı bir yolculuk– sırasında geçer ki bu arayışta yazar kendini seyyahların Cemiyet'inin bir üyesi olarak bulur. Bu arayış dağlar ve vadilerde başlayıp onları aşar; bu dağlar muhtemelen Alpleri temsil eder, fakat daha büyük ihtimalle yazarın ruhunun iç manzarasını oluşturmaktadırlar. Doğu her zaman ruhun ülkesi ve ışığın kaynağıdır. Kitaptaki seyyahlar hep imkânsız şeyler arıyorlardı: Biri Yılan Kundalini'yi bulmaya çalışıyordu; Hesse de Prenses Fatima'yı arıyordu. Seyyahlar arasında Leo –Hizmetkâr– adlı biri vardı ki bu kişi başkalarına her zaman yardım ediyordu. Büyük simgesel kutlama, Bremgarten'de, fevkalade bir çevrede gerçekleşir. Herkes oradadır – Don Kişot, Hesse'nin büyük hayranlık duyduğu Hölderlin, Hoffman ve Henry of Ofterdingen.[14] Üstelik Hesse'nin tüm karakterleri de oradadır: Bozkırkurdu, Demian, müzisyen Paul, ressam Klingsor, Narziss, Goldmund, Siddhartha ve Govinda; yani Hesse'nin hayatı boyunca yeniden dirildiği tüm karakterler.

13. Hesse'nin *Doğu Yolculuğu* adlı kitabındaki spiritüel bir buluşmaya göndermedir.

14. Novalis'in ünlü romanı. (ç.n.)

Yalnız sonradan trajik bir şey olur. Leo, yani Hizmetkâr, kaybolur ya da onları terk etmiştir ve bu yüzden Doğu'ya yolculuk yarım kalır. Tüm arkadaşlar ayrılır ve Cemiyet dağılır. İnsan, düpedüz kaybolarak böylesi bir yıkımı yaratabilen bu Leo'nun kim olduğunu merak eder. Fakat Hesse onu kendi hayatında bulana kadar çok zaman geçmez. Leo, Joseph Knecht olarak –Hesse'nin Doğu'ya giden seyyahlara ithaf ettiği *Boncuk Oyunu* romanındaki büyük öğretmen olarak– onun eserinde yeniden ortaya çıkmış gibidir. Knecht Almancada "hizmetkâr" demektir.

Doğu Yolculuğu tuhaf bir simgeyle, yazarın Cemiyet'in arşivlerindeki bir heykelcikle karşılaşması ile son bulur. Bu ufak heykelciğin, sonunda erdişi ya da androjen olduğu gözler önüne serilir ama bu ifşa gerçekleşmeden önce Hesse birçok sınavı, özellikle de Alman kurdu Necker ve Leo'yla, yani Hizmetkâr'la bir başka buluşma sınavını geçmek zorunda kalmıştır. Hesse'nin tüm eserleri arasından *Doğu Yolculuğu*, en Hermetik olandır. Hiçbir zaman onu yorumlamaya kalkmadım, ancak onun usta işi güzelliğine kendimi öylece bıraktım.

Tarih 6 Mayıs 1961 Cumartesi'ydi. Hesse'yi tekrar ziyaret etmek için uzunca bir süre beklemedim; Keşmir'den yanımda firuze taşlarıyla bezenmiş minik, gümüş bir kutu getirmiştim. Ona benzeyen bir başka kutuyu da Profesör Jung için getirmiştim.

"Floransa'dan yeni geldim" dedim ve devam ettim. "Oraya sırf Leonardo'nun Uffizi Galerisi'ndeki *Müjde* adlı resmini görmek için gittim. Orada ona bakarak hemen hemen bir saat geçirdim."

"O resimle neden o kadar ilgilendiniz?" diye sordu Hesse.

"Açıklaması zor ama anlatmaya çalışayım. Leonardo'da *bir şey* var; yorumlanamayan, sadece algılanabilen bir mesaj, tıpkı

Doğu Yolculuğu'ndaki gibi. *Müjde* resmi, kelimenin tam anlamıyla titreşiyor gibi görünür. Meleğin kanatları havada çırpınır ve o işareti yaparken kullandığı sağ elinin parmakları insana hakikaten canlı gibi gelir. Sanki bu parmaklardan genç Bakire'ye bir şey aktarılıyor gibidir ama asıl yakıcı mesaj gözlerden gelir. Bu müthiş melek, bakışıyla aslında Meryem'e İsa'yı teslim ediyormuş gibidir, sanki onu İsa'ya gebe bırakıyormuş gibidir. Meryem korkmuştur ve çocuk gibidir, sağ eli Peygamberler Kitabı'na dayalıyken sol eliyle mesajı alır. Bu yüzden Meryem der ki: *'Bu, yazılıydı.'* Fakat bana kalırsa Leonardo bunu sadece Curia'yı[15] tatmin etmek için resme koydu. Gerçek şudur, Meryem öyle şaşkındır ki her şeyi kabul eder; aslında hipnotize edilip melek tarafından ele geçirilmiştir ve bir daha asla kendisi olamayacaktır. Resmin arka planında da Leonardo'nun o tipik rüya gibi manzarası vardır; orası gizem, kader, İsa ve tam da resimde beliren melek gibi her şeyin kaynaklandığı Bilinçdışı'nı temsil ediyor gibidir."

Hesse ben konuşurken dikkatlice dinlemişti, kısa bir suskunluğun ardından şöyle dedi: "Leonardo evrensel bir deha çünkü onun resmi büyülü. Pek çok insan, duyularıyla ne hissettiğini sadece anlayabilir; onların ardında yatanın ne olduğu hakkında hiçbir şey bilmez. Herhangi bir başka yoldan ulaşılamaz olanı sadece büyü ifade edebilir. Özünde çağrışımcı olan başka bir sanat türü daha var."

"*Demian* ve *Doğu Yolculuğu* da bu büyülü âlemde sanırım... Fakat bu arada, Leo kim?" diye sordum.

Hesse bir an için gözlerini kaçırdı ve açık pencereden içeri giren kediyi izledi. Elini kedinin sırtına götürüverdi ve dedi ki: "Leo hayvanlarla, örneğin köpek Necker'la sohbet edebilen

15. Papa'nın başkanı olduğu Vatikan Hükümeti ve Roma Katolik Mahkemesi'ni temsil eden bir yapı. (ç.n.)

biri... Bir arkadaşım bir keresinde sonradan bırakmak zorunda kaldığı bir köpek almıştı. Köpeği elli kilometre uzağa götürdü ve orada bıraktı. Fakat köpek kurtuldu ve döndü; yolu bulmuştu... Bu çok büyülü bir şey..."

Sonra ona "Müzikte en çok kim Leonardo'ya benziyor size?" diye sordum. "Büyücü müzisyen kim?"

Hesse tereddüt etmeden "Bach" dedi ve şöyle devam etti: "Özellikle *Missa*'da ve *Aziz Matta'ya Göre Pasyon* ile *Aziz Yuhanna'ya Göre Pasyon*'da.[16] Bunlar büyülü eserlerdir ve bunlar Zürih'te her seslendirildiğinde oraya giderdim."

Ardından yerinden kalkıp kitaplığın oraya doğru yavaş yavaş yürüdü.

"*Boncuk Oyunu*'ndan sonra herhangi bir şey yazdınız mı?" diye sordum.

"Çağrışımlar" diye yanıt verdi Hesse, sanki beni dinlemiyordu. "Şair geçmişi çağrıştırmalı ve onu tekrar yaşamalı, fani olanı zapt etmeli. Bu onun işinin önemli bir yanıdır" dedi.

Ardından bana eserlerinden birinin İtalyancasını gösterdi.

"İtalyanlar en sonunda beni çevirmeye başladı" diyerek konuşmaya devam etti: "İsviçre'nin İtalyan yöresinde yaşadığımı hesaba katarsak! İspanya'da ise durum epey farklı. Biliyorsunuz, yayıncı Aguilar çoktan tüm eserlerimi yayımlamaya başladı. O kitaplara bakıp bana çevirilerinin doğru olup olmadığını söylemelisiniz. Kuşkusuz biliyorsunuzdur, Almanya'da İspanyol ve Güney Amerikalı yazarlara büyük bir ilgi var artık." Sonra bana Venezuelalı yazar Romulo Gallegos'un bir kitabının Almanca baskısını gösterdi.

16. "Aziz Matta'ya Göre Çile" ve "Aziz Yuhanna'ya Göre Çile" olarak da bilinir. Burada söz konusu "Çile" ("Passion") Hz. İsa'nın çarmıha gerilişini temsil eder ve Bach'ın bu eserleri, bu "Çile"yi canlandıran oratoryolardır. (ç.n.)

O öğleden sonra onun yanından ayrılmadan önce bir sürü yazar hakkında sohbet ettik, ona Rilke'yi bilip bilmediğini sordum.

"Bilmiyordum" diye cevapladı. "Ama çevirilerinden konuşmak gerekirse, bence Rilke özgün dildeki halindense çevirisinden daha iyi anlaşılır."

"Peki ya Keyserling, onu duydunuz mu?"

"Evet, sıra dışı bir adam; bir boğa gibi böğürebilen, muazzam ve güçlü bir varlık." Sonra Hesse Keyserling'in bağırışını taklit etmeye çalıştı.

"Ya Gustav Meyrink? O neye benziyor?"

"Meyrink'i iyi tanırım. Büyüyle ciddi derecede ilgiliydi ve onu uyguladı. Büyük tehlike altındayken kalbine odaklandı ve değişmez sakinliğini korudu. Aynı zamanda keskin bir mizaha sahipti. Bir keresinde bir seansın ortasında, tam da öte taraftan misafirin görünmesi beklenirken Meyrink onu görebilmek için bir kibrit çaktı, bu tabii ki seansın sonu oldu. Ayrıca kara büyüyle de büyülendi."

O öğleden sonra oradan ayrılırken Bayan Hesse beni ertesi gün için öğle yemeğine davet etti.

7 Mayıs 1961, Pazar

Hesse'nin evine hayli erken vardım ve önceki gün öğleden sonra ettiğimiz sohbete kaldığımız yerden devam ettik. Ona Arthur Koestler'in Hindistan ve Japonya üzerine yazdığı *The Lotus and the Robot* adlı son kitabından bahsettim. "Bu kitapta Suzuki'ye çok sert şekilde saldırır" dedim.

Hesse "Suzuki'nin uykularının kaçmayacağından emin olabilirsin" diye yanıt verdi. "Kendisine dokunulmasına izin vermez..."

Hesse'nin sözlerini duyunca İsa hakkında anlatılan bir hikâye aklıma geldi. Hikâyeye göre İsa, hasta bir kadını iyileştirmeye giderken Kudüs sokaklarından geçiyordu ve ansızın durup şöyle haykırdı: "Harmanime dokunup benim iyileştirme gücümü kim aldı?"

Koestler Hindistan'da kitabı için malzeme ararken onunla birlikte olduğumu Hesse'ye anlattım. Onu Yeni Delhi'deki evimde akşam yemeğine davet etmiştim. Sonradan birlikte Kız Kardeş Raihana adlı Sufi bir gizemciyi görmeye gitmiştik. İnsanların avuç içlerini değil, ellerinin arkasını okuyarak onların geçmiş hayatlarını ortaya çıkarabiliyordu. Kadına Koestler'in kim olduğunu söylemedim; sonra kadın Koestler'in elini öylece tuttu, bir anlık yoğunlaştı ve ona bir önceki hayatında orduda bir papaz olduğunu söyledi.

Ardından Hesse bana şu aralar bir şey yazıp yazmadığımı sordu, ben de beş yıldan beri Hindistan'daki deneyimlerim hakkında bir kitap yazdığımı, onun iki dünya arasındaki bir tür araştırma olduğunu söyledim.

"Adına ne diyeceksiniz?" diye sordu.

"Kamboçya'da Angkor'un harabelerini dolaşırken nihayet adını buldum" diye başlayıp anlatmaya devam ettim: "Bilirsiniz, Angkor Vat'ın büyük tapınağına götüren geçit, her bir yanında taştan yılanlar şeklinde yontulmuş bir korkulukla çevrilidir. Onlara baktığımda özgürlüğe giden yol boyunca insana yol gösteren Yılan Kundalini'yi düşündüm; Yılan'ın omurganın kökünde kıvrıldığını ve dolayısıyla Cennet Ağacı'nı temsil ettiğini hatırladım. Kitabım Yılan ve Ağaç'la ilgili olduğu için ona

Cennetin Yılanı demeye karar verdim. Neticede sizin Doğu'ya olan kendi yolculuğunuz gibi, bu da simgesel ve öznel bir yolculuk, Yoga'yla ve Kundalini'yle ilişkili bilimle her zaman özellikle ilgilendim."

Hesse, Kundalini'nin hakikaten bilgiyi temsil ettiğini düşündüğünü söyledi. Esasen Yoga'yı da hayvani olanın –bilinçli olmasa da neredeyse simyasal ergimeyle– daha yüksek bir düzleme çıkarılabileceği bir araç olarak gördüğünü de sözlerine ekledi.

Sonra ona hiç Yoga yapıp yapmadığını sordum.

"Sadece Yoga nefes çalışmaları" diyerek anlatmaya koyuldu. "Fakat bu bir süre önceydi ve Hint yöntemlerinden ziyade Çin'in yöntemlerini kullanırdım. Batı'da Yoga'yı uygulamak sadece zor değil aynı zamanda tehlikelidir çünkü atmosfer tamamen ıssızlık gerektiren egzersizler için uygun değil. Biz burada sıradan hayatın eylemselliğinden aşırı etkileniyoruz. Gerçek Yoga sadece Hindistan'da yapılabilir."

Hesse'nin söylediklerine şaşırdım çünkü Montagnola'da dağlarda neredeyse tamamen yalnız kalabilmişti. Bizzat ben And Dağları'nda, otellerde ve hatta kalabalık kent sokaklarında yoğunlaşma alıştırmaları yapmıştım.

Hesse'ye "Fakat zihin, bir radyo gibi değil midir?" diye sorup sözlerime devam ettim. "İster dağların tepesinde isterse kalabalık yerlerde, her neredeyse mesajı alıp aktarabilen bir radyo?... Kuşkusuz ki nerede olursa olsun bireysel zihinden gelen sızıntıları algılayan bir tür kolektif zihin var. Fiziksel eylemin ya da kişisel bağın sonuç almak için gerekli olduğuna bile bazen inanmıyorum. Biliyorsunuz, Benares'te[17] yoğunlaşma alıştırmaları yapan bir avuç yalnız yaşayan Brahman var, dünyadaki

17. Benares, diğer adıyla Varanasi, Hindistan'da bir şehirdir. Hindularca kutsal sayılan Ganj Nehri'nin yanında yer alır. (ç.n.)

barışı kalıcı hale getirmek amacıyla büyü formülleri ve antik *Mantra*'ları[18] tekrarlıyorlar. Belki de Birleşmiş Milletler'in yaptığından daha başarılı olurlar. Evet, bence zihin bir radyo..."

"Her şey bundan çok daha karmaşık ve zor" dedi Hesse. "Sizin bahsettiğiniz türden bir tutum, buna hazır ve istekli olan Hindistan'da var olabilir yalnızca. Avrupa'da ise belki bir iki Katolik rahibe manastırında olması mümkündür. Bilmiyorum, ama şahsen ben başka bir yoldayım..."

"Benedictine manastırlarında mı?" diye sordum.

Hesse başını sallayarak onayladı.

Bu kez ona şunu sordum: "Peki, gelecekte ne olacağını düşünüyorsunuz? Uzay gemilerine, Sputnik'lere ve gezegenler arası yolculuklara olan bu yeni ilgiyle ne olacak? İnsan, ruhun sorunlarıyla ilgilenmeye devam edecek mi sizce?"

"Ah!" diye haykırdı Hesse. "Elli yıla kadar yeryüzü bir makineler mezarlığı olacak ve astronotun ruhu basbayağı kendi roketinin kabini olacak!"

Sonra öğle yemeği servis edildi ve biz de yemek odasına geçtik. Misafirlerden biri, *Byzantine Christianity* kitabının yazarı ve Hesse'nin ilk biyografisini kaleme alan Hugo Ball'ın kızıydı. Hesse, misafirin annesiyle de uzun ve ilginç bir yazışmayı sürdürmüş ve bu mektuplar hoş bir kitap olarak yayımlanmıştı.

Eski köprüsüyle küçük Calw şehrini gösteren resme bir kez daha baktım ve Hesse'nin o kadar güzel anlattığı bu Alman şehrini bir gün ziyaret etmeye karar verdim.

Hesse gitgide çocukluk yıllarının duygularına dönüyor gibiydi. Seçilmiş çok az kişinin, en gelişmiş çağlarında nasıl oluyor da

18. Genelde Sanskritçe olan dini hece veya şiirdir. Mantra'ların kullanımında sözcükler ve onların oluşturduğu titreşimlerden faydalanarak kişinin daha yüksek bir bilince ulaşması amaçlanır. (ç.n.)

bebekliklerinde Cennet'in yanında deneyimledikleri duyguları tekrar yaşayabildiklerini bir kez daha merak ettim.

Hesse masanın öteki ucuna oturdu, kendinin taş büstünden uzakta değildi. Gülümsemesi, Cennet'e dönmüş kadim bir çocuğunki gibiydi; sanki ruhu için uzun bir mücadele, Doğa'ya karşı değişmez bir bağlılık içinde kazanmış olduğu bir mücadele verdikten sonra dönmüştü. Ticino'dan aldığı kırmızı şarapla dolu kadehi kaldırdı ve İspanyolca şöyle dedi: "Salud."[19]

Bu, zihnimde Hermann Hesse'ye dair son imgedir.

Son Mektuplar

Hesse'yle o buluşmadan sonra Küsnacht'a Profesör Jung'u görmeye gittim. O zamanlar çok hastaydı ve ayrıca bu gidişimin onu son ziyaretim olacağı belli oldu, çünkü Yeni Delhi'ye döndüğümde onun ölüm haberini aldım. O zaman Hermann Hesse'ye Jung'la son görüşmemizi anlatan bir mektup yazdım, Jung'un o dönem nasıl göründüğünü tarif ettikten sonra aşağıdaki şu iki paragrafı ekledim:

> *Şimdi burada Dr. Jung'u bir kez daha düşünüyorum. Hermetik Çember'de birbirimizi başka hayatlarımızda da tanıdığımızı ileri süren bir şey olup olmadığını merak ediyorum. Neden ikiniz de bana bu kadar cana yakın davrandınız? Eğer birbirimizi önceden de tanıyorsak bu, tekrar karşılaşacağımız anlamına da gelmez mi? Öyleyse ne zaman ve nerede?*

19. "Şerefe!" anlamına gelir. (ç.n.)

Burada oturup büyük şahsiyet Dr. Jung ve kendim hakkında düşünüyorum. Ancak çoğunlukla o, siz ve benim aramda var olmuş ilişki hakkında düşünüyorum. Sizi her ziyaret ettiğimde daima onu da görmeye giderdim. Daha kısa bir süre önce sizin selamlarınızı ona ilettim.

İsviçre gazetesi *Neus Züricher Zeitung*, 29 Temmuz 1961'de Dr. Jung onuruna özel bir ek yayımladı. Ben de oraya "Dr. Jung'la Son Görüşmem" başlıklı bir makale gönderdim, bu yazı sonradan çeşitli İspanyol dergilerinde ve Hindistan'da İngilizce bir çeviride yayımlandı. Yayımlanmasının ardından o özel eki elime aldığımda benim makalemle aynı sayfada Hermann Hesse'ye yazmış olduğum mektubu görünce şaşırdım.

Birkaç gün sonra Hesse'den bir mektup aldım:

Jung'un ölümüyle birlikte ben de yeri doldurulamaz bir şey kaybettim. Ayrıca daha kısa bir süre önce en yaşlı arkadaşım, sanatçı Cuno Amiet doksan dört yaşında vefat etti. Artık sadece benden daha genç olan arkadaşlarım kaldı.

Size bir şey itiraf etmem gerek: Züricher Zeitung'un Jung'un anısına bir sayfa hazırladığını biliyordum. İyi halde olmadığım için katkıda bulunamadım. Bununla birlikte sizin bana yazdığınız mektubu, hani Jung'un ölümünden sonra yazdığınız mektubu gazeteye göndermeye cüret ettim ve bunun sorumluluğunu alacağım. Umarım sizin için sakıncası yoktur. Sevgilerimle...

Hermann Hesse

Hindistan'dan Ayrılışım

Aşağı yukarı on yıl Hindistan'da yaşadıktan sonra ayrılma vaktinin gelmiş olduğuna karar verdim. Kendimi o Dionizyak[20] kültüre ve dünyaya daldırmıştım; bu dünya *persona*'nın kendisi, yani Hıristiyanlığın ve dışadönük Batı'nın o narin çiçeği de dahil olmak üzere gerçek hayatın kırıntılarını süpürmeden önce kendimi zamanın kozmik bir nehir olduğu o garip atmosferde akışa bırakarak iki elimle birden onun esaslarına dokunmuştum.

Hal böyleyken, Hint hayatının derinliklerini anlamaya çalışmış olmama ve bir Hintli gibi yaşamama rağmen gerçekten Hint kültürünün bir parçası olmadığımın farkına vardım. Bununla birlikte bir Batılı da değildim. Daha ziyade iki dünya arasında kaldım. Bu tabii ki her iki evrene de –sadece nispi oranda– katılabilen, bu yüzden de kendi farklı kimliğini bulmak için çabalamak zorunda olan Güney Amerikalının devam eden dramıdır.

Kısa sürede hükümetimin beni Yugoslavya'ya atamış olduğu haberi geldi. Şili uzun süre boyunca diplomatik heyetlerde yazarları görevlendirmeyi tercih etme geleneğini sürdürdü; bu, araştırmacıları ve seyyahları teşvik etmesinin yoludur. Atama haberini aldıktan sonra Hermann Hesse'ye yazıp şöyle dedim: "Artık sana fiziksel olarak da daha yakın olacağım."

Daha yakın mı? Hesse o zaman bile kendi sonuna doğru ilerliyordu. Belgrad'a yerleşmeden İspanya'ya gittim. Orada Hesse'nin bütün eserlerinin Aguilar baskılarını aradım, böylece

20. Dionizyak: Nietzsche'nin, Antik Yunan mitolojisindeki Apollon ve Dionysos tanrılarından hareketle tarif ettiği ikiliği oluşturan uçlardan biridir. "Apollonik" olan görünür, ölçülü ve akılcı; "Dionizyak" olansa sınırsız, görüntüye değil temelde olana bakan, Dionysos gibi duygulu ve coşkulu anlamlarında kullanılır. (ç.n.)

çevirileri hakkında ona bir şeyler söyleyebilecektim. En büyük oğlumla beraber seyahat ediyordum ve oğlum Hesse'yle tanışmaya çok hevesliydi. Bununla birlikte o zaman telaş içindeydik ve aslında Montagnola'ya çok da uzak olmayan, İtalya'daki Lago di Garda'nın (Garda Gölü) yanından sürerek yola devam etmemize rağmen orada duramadık. Sonrasındaysa oğlumun arzusunun yerine gelmesinin önüne geçen bir şey oldu.

Belgrad'da bir gazete büfesinin önünde duruyordum, anlayabileceğim bir dilde basılmış bir gazete arıyordum. Sonunda Londra *The Times*'ın eski bir nüshasını buldum. Orada bir fotoğrafla birlikte Hermann Hesse'nin ölüm haberini gördüm.

Büfeden doğruca eve gittim, tüm gün ve ertesi gün boyunca evde kaldım ve vefat eden dostum hakkındaki düşüncelerime yoğunlaşıp meditasyon yaptım.

Aradan çok uzun zaman geçmeden oğlum Avrupa'dan ayrılmak zorunda olduğu için onunla Zürih'e gidip birlikte Hesse'nin dul eşini görmek ve onun acısını paylaşmak amacıyla Montagnola'ya son bir kutsal ziyarette bulunduk.

Bir kez daha, belki de son kez, Montagnola'daydım. Bellavista Han ve Sinyor Ceccarelli eskiden olduğu gibiydi. Oğluma kasabadaki eski evi gösterdim ve oradan Hesse'nin ölene kadar yaşadığı yere gittik. Ninon Hesse gelene kadar küçük salonda bekledik. Ninon siyahlar giymişti ve bütün varlığı yüzüne toplanmış gibi görünüyordu. Eskiden olduğu kadar güzeldi ama yıkıldığının izleri belli oluyordu. Hesse'yle beraber sanat, müzik ve Doğa çalışmalarına adadığı yılların hepsi sona ermişti.

Hep birlikte oturduk ve uzun bir süre sessiz kaldık. En sonunda şöyle dedi:

"Birkaç yıl önce buraya ilk geldiğinizde ben bir arı tarafından sokulmuştum ve o yüzden de Hesse'yle sohbet ederken size katılamamıştım. Fakat sonrasında bana sizden bahsetti. Bana sizin için 'Bugün sanki kendisini tanıyor gibi hissettiğim ve sanırım arkadaşım olacak biri geldi, Şili'den genç bir adam' demişti. Hesse sizi ve sizinle arasında var olan ilişkiyi severdi..."

"Bir hafta önce gelmediğime ne kadar pişman olduğumu bilemezsiniz" dedim. "Oğlum Hermann Hesse'yle tanışmayı o kadar çok istedi ki..." diye de ekledim.

"Ansızın öldü ve böylesi daha iyi. Çok hastaydı. Altı yıldır kan kanseriydi, fakat bilmiyordu. Yine de bazen Doğa'nın karşısında yere göğe sığamıyor gibi hissettiğinde alacakaranlıkta ya da ay ışığında ayakta durur ve hayata hoşça kal demekte olduğunu anlardı. Sona yaklaştığı içine doğardı. Bir şiir üzerinde günlerde çalışmıştı ve onu tam da öldüğü gece bitirdi. Şiiri benim için yatağımın üstüne bırakmış, orada buldum. Sonradan, gün ağarırken odasına girdiğimde ölüydü. Uykusunda ölmüş. Şiiri yaşlı bir ağaç hakkındaydı ve gelecek sene de onu orada tekrar görüp göremeyeceğini merak ediyordu..."

Sonra Ninon Hesse bana o şiirin bir kopyasını verdi.

Bir iki dakika sonra Bayan Elsy Bodmer odaya girdi. Bayan Hesse'ye gün boyu eşlik etmek için uğramıştı. Tek bir söz etmeden onun yanına oturdu. Biraz sonra pencereden kedi geçti ve Bayan Hesse ona anlayışlı bir şekilde baktı.

"Bütün evde Hermann'ı arıyor" dedi. "Gece gündüz onu arıyor. Benim gibi, kedi de bir şekilde onun varlığını hissediyor sanki... Fakat yaşanan hayli güzel bir şeyden size bahsetmem gerek. Tesadüfen, belki de tesadüf değildir, Hesse'nin çocukluk arkadaşı Rahip Voelter'in, Hesse öldüğü sırada tatilini Sels Engadin'de geçireceği tutmuş. Hermann'ın o kadar da sevmediği Luther hakkında uzun uzadıya tartışırlardı. Voelter, Hermann'ın cenazesi için Montagnola'ya geldi ve mezarı başında bir vaaz verdi. Hermann'la uzun süren arkadaşlığı nedeniyle bunu kendisinin yapması kaderiymiş gibi duran bir ritüeli yerine getiren o uzun, ince adamı izlemek çarpıcı bir görüntüydü."

Ninon Hesse sonra kitaplıklara doğru baktı ve cennete doğru havalanan bir kuşun renkli resmini gösterdi.

"Bu resim, Hermann Hesse'ye onun doğum günü için gönderilmişti, ölümünden sadece bir iki hafta önce" diyerek şunu söyledi: "Mutlu olmuştu ve ona uzun bir süre bakıp durdu. Kendi de gerçekten bir kuştu."

O an *Demian* adlı romanı ve orada Sinclair'in kuşunun resmiyle altında yazılı olan efsaneyi hatırladım: "Yumurta, Dünya'dır ve kuş kabuğu kırar, ondan sonra kuş Tanrı'ya doğru uçar ve Tanrı, Abraxas[21] diye anılır."

O öğleden sonra oğlum ve ben Montagnola'da Hesse'nin gömüldüğü mezarlığa gittik. Adı henüz mezar taşına yazılmamıştı ve toprağının üstünü sadece birkaç sarı çiçek örtüyordu. Oğlum, uzun bir süre beni orada yalnız bıraktı, orada mezarın karşısında çimlere oturdum ve arkadaşımı, usta şairi düşündüm; onun özelliklerini hatırlamaya ve onları, denize karışıp tamamen gözden yiten ve anıları hatırlamanın ötesindeki her şeyi dağıtan o muazzam nehirden aşağı doğru kayıp gitmelerinden önce her nasıllarsa aynen o halleriyle zihnime kazımaya çalıştım.

Ardından onun sözlerini hatırladım: "Ölmek Kolektif Bilinçdışı'na gitmektir; kişinin biçime, saf biçime dönüşmek için kendini kaybetmesidir."

---

21. Eski çağlarda kavimlerin, papirüs ve ceylan derisi üzerine sihirle ilgili olarak yazdıkları, büyülü olduğuna inanılan Yunanca harf dizisidir. (ç.n.)

Sonra yoldan birinin geldiğini işittim ve kafamı kaldırınca genç bir çift gördüm. Sırt çantası taşıyorlardı, şort ve kabaralı botlar giymişlerdi. Almanca konuşuyorlardı ve yanıma vardıklarında bunun Hesse'nin mezarı olup olmadığını sordular. Öyle olduğunu söyledim; kendi içlerine dönük bir halde orada öylece durdular, kızın başı genç adamın omzundaydı. En sonunda genç adam, sırt çantasını açıp açık mavi kaplı küçük bir kitap çıkarana dek bir süre öyle kaldılar. Sonra genç, ölü yazarın bir şiirini okumaya başladı. Bu genç Almanlar, sanki dua ediyorlarmış gibi, Hesse'ye onun kendi dizelerini okudular. Hesse'nin, artık onu taşıyan sulardan çıkarak var olan, şimdiye dek yaratılmamış ışığın birkaç kıvılcımında bu gençleri duyup duymadığını merak ettim.

Ağaç

O gece oğlum ve ben Hesse'nin son şiirini okuduk:

Kırık Bir Dalın Hışırtısı

Kırık, parça parça olmuş ağaç dalı
yıldan yıla tutunarak
rüzgârda şarkısını kuru kuru tıngırdatır
yapraksız, kabuksuz
yavan ve solgun.
Yorgun çok uzun süre yaşamaktan
yorgun çok uzun sürede ölmekten

şarkısıysa sert ve kararlı
sesi azametli
korkuyu gizlerken.
Bir yaz daha.
Uzun bir kış daha.

Goldmund'un Heykeli

Oğullarım ayrıldıktan sonra birkaç günlüğüne Zürih'te tek başıma kaldım. Görmek istediğim kişilerden biri Bayan Elsy Bodmer'di ve onu ziyaret etmeden evvel onun Montagnola'dan dönüşünü beklemek zorunda kaldım.

Bodmer'in evi Zürih'teki en eski evlerden biridir, tarihi 16. yüzyılın sonlarına uzanır. Evin eşiğinden geçmek, modern dünyayı terk etmek anlamına gelir. Bayan Bodmer, evini her zaman olduğu gibi korur; çocuklarının doğduğu odalar bile mobilyaları ve oyuncaklarıyla birlikte onlar içinde yaşarken nasılsa o şekilde korunmuştur. Ana odalardaki kirişler heybetli ve antiktir, duvarlar Botticelli'nin resimleri ve ortaçağın ahşap oyma eserleriyle kaplıdır.

Üst kata çıktım, orada Elsy Bodmer beni havadar bir salona aldı. Hesse, arkadaşı Hans Bodmer'i görmek için birçok kez orada bulunmuştu. Bayan Bodmer, beni selamladıktan sonra Hesse hakkında konuşmaya başladı: "Sizinle onun arasında önemli bir bağ vardı. Son yıllarında hiç yeni arkadaşı yoktu, kimseyi görmedi. Fakat sizinleyken farklıydı... Gariptir, sizin o kadar uzaktan gelişiniz ve ondan bu kadar genç olmanız..." Sonra düşüncelere dalmış gibi sessizliğe büründü.

"Sizce Bayan Hesse Montagnola'da kalacak mı?" diye sordum.

"Öyle sanıyorum. Oğluma Montagnola'daki evde yaşamak isteyip istemediğini sordum fakat o da evi Bayan Hesse'ye bırakmak istiyor. Onun yalnızlığa alışıp alışamayacağına bağlı."

"Kitaplarını ve yazmalarını içeren bir Hesse müzesi yapmayla ilgili herhangi bir plan var mı?"

"Evet, ama nerede olacağına henüz karar vermediler. Kimisi onun Berne'de, kimisi de Almanya'da olması gerektiğini düşünüyor. Bana kalırsa Berne biraz tenha bir yer, tıpkı Lugano gibi. Peki ya sizce?"

"Bence Hermann Hesse'nin sürgünden Almanya'ya dönmesinin zamanı artık geldi" dedim. Konuşurken Hesse'nin beni cesaretlendirdiğini hissettim ve mezarının yanı başında duran genç Alman çifti hatırladım.

Elsy Bodmer, "Sanırım haklısınız. Hesse'nin de böyle isteyeceğine dair bir işaret var. Bir keresinde kendisine soruldu, o da Rilke müzesinin olduğu Alman şehrinden bahsetti" dedi.

"Evet" diyerek söze girdim. "Neticede Hermann Hesse içten bir Alman'dı – Hölderlin'in romantik çizgisindeki son kişiydi. Doğu'ya, özellikle de Hindistan'a olan ilgisiyle tam bir Alman'dı. Bu açıdan tam da Schopenhauer ve Nietzsche gibiydi. Üstelik bence Almanya'nın Hesse'ye olan borcunu geri ödemesinin zamanı geldi. Hesse, Almanya'nın –Nürnberg ve kendi küçük şehri Calw gibi– eski şehirlerini ve yollarını öyle etkileyici anlatmıştır ki." Ardından Bayan Bodmer'e Montagnola'da tanıştığım genç Alman çiftin hikâyesinden bahsettim.

Bayan Bodmer, "Bayan Hesse'ye bunu anlatacağım" dedi. "Ayrıca ona sizin fikrinizi de söyleyeceğim, böylece müzenin nerede kurulması gerektiğine karar verebilir.[22] Yeri gelmişken

22. Hermann Hesse arşivi, bu arşivdeki parçaları Almanya Marbach'taki Schiller Ulusal Müzesi'nin bir kısmında sergilenmesi için Hermann Hesse Müzesi'ne ödünç vermeyi kabul eden İsviçre Hükümeti'ne bağışlanmıştır.

Zürih'teki Thomas Mann Müzesi'ni hiç gördünüz mü? Çok ilginç."

"Hayır" dedim. "Burada olduğunu bilmiyordum. Mann'ın temelli Almanya'ya dönmüş olduğunu sanıyordum."

"Biliyorsunuz, Mann son savaş boyunca tamamen Almanya'yı suçladı ve Almanlar bu yüzden onu hiç affetmedi. Savaştan sonra Mann, Almanya'yı tekrar ziyaret ettiğinde Almanlar, onun hakkında ne düşündüklerini bildirdiler. Hesse de Almanya'yı terk etti ama asla Mann'ın yaptığı şekilde onu suçlamadı."

Ardından ben de Mann'ın Almanya'yı topyekûn suçlamasının, onun sapına kadar Alman olduğunu gösterdiğini düşündüğümü söyledim. "Almanya tam da İspanya gibi, çok kati" diye de ekledim ve Mann'ın kapılıp gitmiş olmasının ve ölçü duygusunu kaybetmiş olmasının nedeni buydu.

Daha sonra Bayan Bodmer bana güzel kristal bir kadehte biraz eski şarap ikram etti. Birkaç dakika sonra, ayrılmak üzere ayağa kalktım fakat Bayan Bodmer, bana diğer odadaki birkaç Rönesans resmi ve bir ikonu göstermek istediğini söyledi. Koridordan geçerken beni anında büyüleyen bir heykele dikkat kesildim. Bir keşişin gerçek boyutlu bir heykeliydi ve Bayan Bodmer bana onun 12. yüzyılda yapılmış olduğunu söyledi.

Bu sıra dışı figürün önünde bir süre kalakaldım. Genç keşiş, tıraşlı kafası ve çıplak ayaklarıyla tasvir edilmişti, üzerinde sadece bol bir şal vardı. Sol elinde birkaç küçük tablet, sağ eliyle ise takdis [kutsama] işareti yapar halde görünüyordu. Elleri ve ayakları çok güzeldi ve bütün figür, fevkalade kırılgan ve narin görünüyordu. Gözleri zamanın uzak bir çağından, Hıristiyanlığın sahiden ilk yıllarından olmasa da daha az farklılaşmış başlangıç döneminden bakıyor gibiydi.

Hesse'nin kahramanı, Ortaçağ Avrupası'nın yolları boyunca bir berduş olan Goldmund onun hayatında tek bir sanat eseri yarattı ve bu da bir kilisenin vaiz kürsüsü için ahşaptan bir heykeldi. İnanıyorum ki, tıpkı bu heykel gibi, o da bütün bir yaşamın sonucuydu ve bir yaşamın tüm ışığı ve gölgesini içermiş olmalıydı.

Rüya

Zürih'te o akşam bir rüya gördüm: Bir Üniversite'ye benzeyen, çok katlı, büyük, beyaz bir bina gördüm. Öğrencilerle doluydu, çoğu pozitif bilimler veya mühendislik ya da fizik gibi uygulamalı bilimler okuyan öğrencilerdi. Hepsi bilgilerini elle tutulabilir sonuçlar almak için kullanıyor gibiydiler; yaptıkları şeyin önemi üzerinde düşünmeden onu otomatik biçimde uyguluyorlardı. Şüpheden şikâyetçi değillerdi ve hayati nitelikler için kaygı taşımıyorlardı. Rüyamdaki bu Üniversite geleceğin dünyasını temsil ediyor gibiydi. Sınıflardan çıkan insanlar sert ve metalikti, kendilerini sadece mekanik kanunlarıyla ifade ediyorlar ve kendileri bu kanunların ürünleri haline geliyorlardı. Etten kemikten bir dünyanın son örnekleri ölmüşlerdi, tanrılar ve şeytanların olduğu canlı bir dünyanın kaygısını taşıyan o örnekler, anti-insanın bu yeni kuşağı tarafından romantik idealistler, çürümüş burjuva bir toplumun salt ürünü olarak görülüyorlardı. Buradan hareketle rüyam şunu düşündürüyordu sanki: Geleceğin –ya da aslında gelecek çoktan geldiği için şimdiki zamanın– arketipi tamamen betondan yapılmış ve asfaltla kaplı bir Üniversite binasında kendini uzayın fethine hazırlayan, atomun ve makinenin insanı olurdu.

Böylesi bir dünyada kendim için tek bir alan bulamayan, tam bir yabancı olurdum. Yalnız sonradan fark ettim ki Hesse ve Jung gibi insanlar da benzer zorluklarla karşılaşmışlardı. Artık ölmüşlerdi ve yeryüzünün mekanikleşmesinden artık etkilenmezlerdi; kendi varlıklarının farkında olarak kazandıkları başka dünyalara ulaşmışlardı. Az zamanım kalmıştı fakat şunu biliyordum ki bizzat ben benzer bir çaba göstermek zorunda kalacaktım artık, böylece bu dünyaya asla tekrar dönmeyecek, başka bir dünyaya adım atacaktım. Dünyanın makinelerle dönüştürüldüğü bu kurşuni çölden kendimi kurtarmak zorunda kalacaksam yapmam gereken şey buydu. Bu korkunç hapishaneden kaçmak için rüyalarımın muhafızları olan o etten kemikten bilge adamların, o eski dostlarımın gittiği aynı ıssız yoldan yürümek zorundaydım.

Bremgarten Şöleni

Bir pazar günüydü ve Belgrad'daki evimde, dört bir tarafım Doğulu resimlerim ve heykellerimle sarılı halde tek başınaydım. Bir anma yapıp Hesse'nin sevdiği büyülü müziği, Bach'ın *Si Minör Missa*'sını dinlemeye karar verdim. Bir iki sandal ağacı tütsüsü yaktım ve plakları gramofona yerleştirdim.

Ritüelimin amacı Hesse'yle beraber müzik dinlemek, duyularımı ona ödünç vermekti, böylece müziği duyabilir ve kendi varlığını hissedebilirdi. Kanepede arkama yaslandım ve müziğin ikimizin de üzerinde çalmasına izin verdim. Özellikle herhangi bir notaya dikkat etmedim çünkü Hesse'nin benim aracılığımla dinliyor olduğunu biliyordum ve yaşarken dinlediği gibi dinlemesini istedim. Sesler odayı doldurdukça onların, Leonardo'nun *Müjde* tablosunun ve Aziz Yuhanna

Pasyonu'nun müzikal eşdeğerleri olduğunu anlıyordum, çünkü Bach bu Missa'da kendi hayatını yeniden yaşıyordu, kendisini aşan bir şeye simgelerini ve efsanelerini sunuyordu. Bu, onunla bir Missa'ydı;[23] kendi hayatına ve ruhuna bir kurbandı, adeta günahkâr bir sunuyla kutlanan nihai evlilik için süregiden bir arayıştı. Ölüm ve diriliş hakkındaydı, fakat kontrpuanda[24] notaların karşılıklı etkileşimiyle ifade edilen Bach'ın kendi mitleri ve ritimlerinin birleşiminde müzik, simgesel bir Çiçek üretti ki bu da beşikten mezara dek haykırmış bir ruhun aralıksız geriliminin sonucudur: "Baba, beni niçin terk ettin?"[25] Bu, büyülüdür, Mistik Çiçek'in yaratılışıdır. Çok azı bunu başarmıştı. Bach, kendi Missa'sında böyle yapmıştı ama Missa, Bach'ın kendine sunduğu ve bütün yaratıcı hayatı boyunca da tekrarladığı bir Bremgarten şöleniydi aynı zamanda.

Hiçbir şeyi kaçırmadan dinlemeye devam ettim ve Hesse'nin orada olduğunu, bunun için minnettar olduğunu biliyordum. Üstelik bana da kendisinin dinlediği gibi dinlemeyi öğretiyordu. Missa bitti, ardından müzik Aziz Yuhanna ve Aziz Matta Pasyonları ile devam etti. Bütün gün bu ritüelin kutlamasıyla geçti, bu da benim kendi Bremgarten Şöleni'mdi.

Sonra Belgrad'daki bu ıssız evimde bir öğle yemeği hazırlamaya karar verdim. Bu, vefat etmiş dostumun onuruna olacaktı ve Montagnola'daki misafirperverliğin karşılığını ödüyordum. Fakat tüm hayaletlerimi ve efsanelerimi de bu yemeğe davet

23. Katolik Kilisesi'nde ekmek ve şarabın kutsanması ayinine (Aşai Rabbani) özgü dinsel müzik. (ç.n.)

24. Çeşitli melodileri birbirine uydurma sanatı. (ç.n.)

25. İsa'nın çarmıhta Tanrı'ya haykırışını anlatan cümle olarak bilinir. (*Ayr. bkz.* Matta 27:46 ve Markos 15:34) Bununla birlikte bu haykırıştaki hitabı kimi teologlar "God" (Tanrı), kimileri ise "Father" (Baba) olarak ifade etmektedir. Yazar Miguel Serrano'nun elinizdeki kitaba kaynak olan İngilizce çevirisinde bu cümle, "Father, why hast thou forsaken me?" şeklinde, hem "Baba" hem de "Tanrı" çağrışımlarını barındıran bir biçimde kullanıldığı için Türkçeye böyle çevrilmesi tercih edilmiştir. (ç.n.)

ettim. Müzik çalmaya devam ederken onları yemek odasına götürdüm ve masaya oturttum. Masada bir *mandala* şeklinde gruplaşmıştık.

İlk başta partinin Hesse'nin onuruna olmasına niyetlenmiştim ama bir ömrün hayalleriyle ruhumda çalınan bir Missa'ya dönüştü yavaş yavaş. Sonra İstriya'dan ve And Dağları'ndan gelen kırmızı şarabı servis ettim. Mezarın ötesindeki yolu kolaylaşsın diye Hesse'nin şerefine içtim. Onu hep hatırlayacağıma da söz verdim; hayaletlerimin her biri ve rüyaların büyük dünyası için de tek tek kadeh kaldırdım.

Büyülü koro üyeleri şarkı söylemeye devam ederken birçok kez kadeh kaldırdık, onlarla ve tam da zamanın ya da uzamın ötesindeki bir Efsane'nin özüyle sarıp sarmalanmış hissettik.

İki Mektuptan Alıntılar

Belgrad

6 Ekim 1962

Sayın Bayan Hesse...

Zürih'teyken Bach'ın Si Minör Missa'sı ve Aziz Matta'ya Göre Pasyon ile Aziz Yuhanna'ya Göre Pasyon'u satın aldım ve onları burada, Belgrad'da dinledim. Sıra dışı bir şekilde Hermann Hesse'nin de onları dinliyor olduğunu hissettim. Ona kulaklarımı ödünç verdim ki böylece bu fevkalade eserlerin sesinin tadını çıkarabildi. Değerli Bayan Hesse, siz de aynısını yapmalısınız, ona kendi duyularınızı ödünç verin ve uzun bir süre mutlu olun ki böylelikle sizin aracılığınızla yaşamaya devam edebilsin. Bu, çoktan başka kıyılara giden tüm sevgili dostlarımız için sergilememiz gereken bir ritüel.

İçten saygılarımla...

Miguel Serrano

21 Ekim 1962

Değerli Bay Serrano...

Eminim ki Hermann Hesse, sizin Bach plaklarını, Si Minör Missa ve iki Pasyon'u aldığınızı bilse mutlu olurdu, onları öyle çok severdi ki... Doğrusunu söylemek gerekirse 1962'nin "Mayıs Mektubu"nda Missa hakkında yazmıştı.

Hermann Hesse'yi unutmayın, her şey öyle çabuk unutuluyor ki! Sizin onu ne kadar çok sevmiş olduğunuzu ve hâlâ da sevdiğinizi bilmek benim için bir lütuf.

Saygılar...

Ninon Hesse

CARL GUSTAV JUNG

C. G. Jung Küsnacht'ta, 1960.

"Yeni bir dini tutum bulmalıyız."

Antarktika

1947'de Antarktika'ya bir seyahate çıktım, bu seyahati sonradan *Invitation to the Ice Fields* adlı bir kitapta anlattım. Bununla birlikte o kitapta bahsetmediğim tek şey, Carl Gustav Jung tarafından yazılmış *The Ego and the Unconscious* adlı bir kitabı o seyahatte yanıma aldığımdı. O kitap gerçek anlamda yolculuğumun amacıyla çatışıyordu, çünkü onu ne kadar çok okuduysam seyahat ettiğim buz alanlarının tam ana hatlarını o kadar az gözlemliyordum. Ancak deniz yolculuğunun sonunda –belli belirsiz de olsa– fark etmeye başladım ki o kitap ile ziyaret ettiğim uzak diyarlar arasında bir ilişki vardı.

Jung'un çalışmalarıyla ciddi olarak ilk karşılaşmamdı. Freud ve Adler'i okumuştum ama Jung'un *Psikolojide Tipler*[26] adlı kitabıyla ilgili sadece yüzeysel bir bilgiye sahiptim. Sonra da bu ilk asıl karşılaşma gerçekleşti. Parkamın cebinde onun kitabıyla Şili boyunca adım adım aşağıya, güneye doğru ilerledim; gemi Ultima Esperanza Sıradağları'nın ötesindeki Patagonya'da Ateş Toprakları'nın yanından geçerken, Beagle Kanalı ve Drake Boğazı boyunca Antarktika'nın büyük karlı alanlarına doğru ilerlerken aralıksız yağan bir yağmura dayandım. Sonuç olarak orada, koca buz plakaları yarılıp denize düşerken gümbürtüyle yankılanan devasa buzdağlarının arasında, soğuktan yanan tam bir beyazlık atmosferinde dikkatimi Jung'un kitabına verdim. Dünyanın geri kalanından uzakta, neredeyse topyekûn bir yalnızlık içindeyken modern insanda Ego'yu Bilinçaltı'ndan ayıran öteki boşluğu kapatacak bir şey aramaya başladım.

---

26. *Psikolojide Tipler*, çev. Nur Nirven, Pinhan Yay. 2019. (ç.n.)

Bugün o zamana ve o yere dönüp Jung'un kitabında o kadar ilgimi çeken şeyin ne olduğunu anlamak benim için çok zor. Ama sanırım bu orada, Antarktika'da o kadar gerçek görünen Arketip fikriydi ve belki de Mesih'e atıf yaparak onun, yavan buz alanlarından çok da farklı olmayan acımasız ve özerk kuvvetlerin dünyasında yakalanmış olduğu fikriydi. Kitap bütünüyle korkutucu bir dünyayı, Antarktika'nın beyaz sessizliği kadar korkutucu bir dünyayı gözlerimin önüne serdi. Ayrıca önceden belli belirsiz aklıma gelen ama açık seçik ifade edemediğim düşünceleri gün ışığına çıkararak benim öz varlığımın bamteline dokunmuşa benziyordu.

Antarktika'dan döndüğümde hangisinin, seyahatin mi yoksa Jung'un kitabının mı benim için daha önemli olduğuna karar vermek zor oldu. Yine de o zamanlar onun yazmış olduğu başka bir şeyi okumadım. Seyahatin kendi öz varlığımla bağlantısını anlama çabası içinde, onu içsel olarak da tekrarladığım için seyahatin kendisinden aşırı etkilenmiştim. Aynı zamanda Güney Amerika efsaneleri ve mitlerinin köklerini keşfetme umuduyla Hindistan'a seyahat edeceğim için de gitgide heyecanlanıyordum. Şili'de çoktan çalışmaya başladığım Yoga bilimine kendimi kaptırmıştım.

O yıllarda düşüncelerimin seyrinde, mit ve efsanelerin kadim bilgeliğini akılcı bir dile aktarmanın ne kadar zor olduğunu fark etmeye başlamıştım. Bu yüzden Jung'a tekrar dönüp *The Ego and the Unconcious*'ı yeniden okudum. Ondan sonra onun Çin ve Tibet yogası üzerine yorumlarına geçtim. *Altın Çiçeğin Sırrı*[27] hakkındaki yorumunu ve Richard Wilhelm'in *I Ching*, diğer adıyla *Değişimler Kitabı*[28] çevirisine yazdığı önsözü

27. Misyoner ve teolog Richard Wilhelm tarafından çevrilen Çin'in kadim ruhsal simya kitabıdır. (Bkz. *Altın Çiçeğin Sırrı*, çev. Sezer Soner, Dharma Yayınları, 2002.) (ç.n.)
28. Türkçesi için bkz. *I Ching: Değişimler Kitabı*, çev. Sevda Beytaş, Destek Yayınları-2014. (ç.n.)

okudum; dahası Evans-Wentz tarafından hazırlanan *The Tibetan Book of the Great Liberation* hakkındaki gözlemlerini ve *The Tibetan Book of the Dead* üzerine yorumlarını okudum. Petrus Toletanus'a atfedilen *Rosarium Philosophorum* üzerine çalışması gibi simyayla ilgili çeşitli çalışmalarını okudum; buna ek olarak *Psikoloji ve Din*[29] ile *Symbols of Transformation* adlı eserlerini inceledim. Bu eserin çoğu yerinde geçen, Freud'a göre cinsellikle eşanlamlı olan, Libido kavramının Jung için Tantra Yogası'nın "Kundalini"sine benzeyen bir şey olduğu dikkatimi çekti.

Jung'un eserleri üzerine ne kadar çok düşündüysem onun *Analitik Psikoloji* adlı kitabı[30] ile erginlemenin bir yolu arasındaki, diyelim ki, bir paralelin o kadar çok farkına vardım; bu, Jung'un haberdar bile olmamasının gayet mümkün olduğu ilk dilin altında yatan ikinci bir dil gibiydi sanki. Dolayısıyla hasta, bir Mürit ya da Öğrenci olurken psikanalist bir Guru ya da Üstat haline geldi. Eğer hastalık, aslında bölünmüş ya da tamamlanmamış bir durumsa ve sağlık da bir tamlık haliyse o zaman Jung'un akıl hastalığı tedavisi, gerçekliğin ya da Benlik'in yeni bir anlamını yaratmak amacıyla hastanın geçmişinden yanıltıcı hayaletleri ve gölgeleri su yüzüne çıkarma girişimiydi; bu yöntem de Hindu Guru'nun öğretileriyle paraleldir. Bununla birlikte Jung'un yapmayı gerçekten arzu ettiği şey, kişilik fikrini ya da Ego'yu ortadan kaldırmadan, birey ile Evren arasında bir diyalog kurmaktı.

Hindistan'da yaşadığım yıllarda Siddhalar denilen, uzak geçmişte yaşamış birkaç olağandışı varlık hakkında bilgi edindim. Bu insanlar simyacılar ve büyücülerdi, binlerce yıl Hindistan üzerinde muazzam etkiler gösterdiler. Ego ile Benlik arasında

29. *Psikoloji ve Din*, çev. Raziye Karabey, Okyanus Yayıncılık, 1998. (ç.n.)
30. *Analitik Psikoloji*, çev. Ender Gürol, Payel Yayınevi, 1997. (ç.n.)

bir diyalog sürdürmeye çalışmışlardı; fakat Vedantist'ler[31] tarafından öne sürülen *samadhi*[32] kavramı yerine, onlar *kaivalya* denen, tamamıyla daha derin bir trans haline kalkıştılar. Bu sözcük "tecrit edilmiş" ya da "ayrı tutulmuş" anlamlarına gelir ve Evren'den, hatta Tanrı'dan, bağımsızlığı ifade eder. Siddhalar kendi bedenleri içerisinde ölümsüzlük kazanmaya çalıştılar ve bunu yapmak için de metallerin simyasal bileşimini kullandılar.

Dr. Jung'la İlk Görüşmem

Aralık 1957'de Dr. Jung'a yazarak ona *The Hindustan Times* için yazdığım bir makaleyi göndermiştim. Bu makalenin adı "Egonun Çarmıha Gerilişi"ydi ve o yılın başlarında Delhi'de düzenlenen Dünya Dinler Kongresi'nde konuşan, Hindistan'ın o zamanki Başkan Yardımcısı, filozof Sarvapalli Radhakrishnan'ın konuşmasında duyduğum bir cümleden esinlenmiştim. Jung, mektubuma doğrudan kendisi yanıt vermedi ama sekreteri Aniela Jaffé'den öğrendim ki makaleyi okumuş. Yoğun çalışması ve hastalığı nedeniyle bizzat yanıt verememiş.

Hindistan'daki o dönem benim için çok garip bir dönemdi. Günlerimin amaçsızca geçmesine izin veriyor ve kendimi zamanın dışında hissediyordum. Kendi hayatım hakkındaki izlenimlerim darmadağındı ve yalos parçaları gibi bilincimin yanından geçiyorlardı. Zaman zaman lotus pozisyonunda oturup Yoga'yla yoğunlaşma egzersizleri yapardım. Özellikle de

31. Hindu felsefesinin okullarından biri olan Vedanta'ya bağlı kişi. Vedanta, Hint felsefesinin temel metinlerinden sayılan Upanişadlar'ın sonunda yer alan fikirleri yansıtır ve kelime anlamıyla "Veda'ların sonu" demektir. (ç.n.)

32. Budizm ve Hinduizm'de, zihinsel yoğunlaşma anlamında kullanılan bir terimdir. (ç.n.)

kutsal hece OM'a yoğunlaşırdım. Jung'un terminolojisini kullanmak gerekirse şöyle derim, o dönem ruhumla gerçekten savaştığım yıllardı. O sıralarda *The Visits of the Queen of Sheba* adlı bir öykü yazdım fakat o zaman bunun, içimdeki tuhaf çalkantının ürünleri olan bir dizi başka hikâyenin ilki olacağını bilmiyordum. Jung'la ilk görüşmemde ona kendi hayatımdaki "efsaneler"le karışıp birleşen Doğulu ve Batılı simgelerin yer aldığı bu ilk eserin bir nüshasını verdim.

Bu ilişkide Hindistan'ın önemi aşırı vurgulanmış olamaz. Hindistan deneyimim olmadan, büyük olasılıkla benim o büyük adamın çekimine hiç kapılmamış olmam gerekirdi ve önünde sonunda Hindistan bizi birleştiren bağlantıydı çünkü Hindistan Hesse için olduğu gibi, Jung için de büyük önem taşıyordu. Jung'la ve onun simgelerle ilgili eseriyle ilgilenen akıllı bir Amerikalı kadın olan Dorothy Norman'la beni tanıştıran kişi, Başbakan Nehru'nun kızı Bayan İndira Gandi'dir. Bayan Norman, Jung'la görüşmek istediğimi öğrendiğinde onun Zürih'teki öğrencilerinden biri olan Dr. Jolande Jacobi'ye telgraf çekerek ondan bir görüşme ayarlamaya çalışmasını rica etti. Fakat Dr. Jacobi'nin yardımıyla bile o günlerde Jung'la buluşmak kolay değildi, zira tamamen emekliye ayrılıyordu. Yine de Zürih'te buluştuğumuzda Dr. Jacobi bana Dr. Jung'un Locarno'da tatil yapıyor olduğunu söyledi. Hermann Hesse'yi ziyaret etmek için yolumun üzerindeki Locarno'dan geçmek zorunda olduğumdan Dr. Jung'u orada görmeye karar verdim.

Dolayısıyla 28 Şubat 1959 günü öğleden sonra kendimi Locarno'da, Esplanade Oteli'nin geniş salonunda Dr. Jung'u beklerken buldum. Onu ana merdivenden inerken hemen tanıdım. Uzun ama biraz düşük omuzluydu, bir tutam beyaz saçı vardı ve elinde bir pipo taşıyordu. Beni İngilizce olarak dostane bir şekilde selamladı ve tamamen yalnız olacağımız, bir tırabzanın yanındaki köşede oturmaya davet etti.

"Anladığım kadarıyla Hindistan'dan yeni geldiniz" dedi. "Bir süre önce oradaydım, *samadhi*'nin en derin evresinde bile Ego ya da bilinç fikrinden kurtulmanın mümkün olmadığına Hintlileri ikna etmeye çalışıyordum."

Böylece Dr. Jung doğrudan doğruya ana konuya girdi. Hareketleri ve sözcükleri ağırbaşlı ve zarifti fakat bunun altında sıra dışı zindeliğinin belirtisi olan yakıcı bir coşku vardı – hem de o zamanlar aşağı yukarı seksen iki yaşında olmasına rağmen.

Dr. Jung konuşmaya devam etti: "Bengal'deki Kalküta Üniversitesi'ndeyken bu mevzuyu çeşitli Brahman doktor ve profesörlerle tartıştım ama anlayamıyorlardı, onlara şöyle açıklamaya çalıştım: Eğer Ramakrishnan örneğin derin vecit anlarındayken bilincinden tamamen kurtulabilmiş olsaydı tam da o anlar var olmamış olacaktı. O anları asla hatırlayamaz ya da kaydedemezdi, hatta onları zerre kadar varoluşa sahip anlar olarak bile düşünemez olacaktı."

O konuşurken şunun farkına vardım ki aramızda geçen anların gayet bilincinde olmak zorundaydım ve olabildiğince gözlemci olmaya çalışıyordum. Konuşurken ondan yayılan enerjinin yanı sıra bazen bir ironi, hatta iğnelemeyle karışık olsa da belli bir nezakete sahip olduğu da dikkatimi çekti. Fakat hepsinden öte, onunla ilgili kesin bir dalgınlık veya gizemin olduğunun farkındaydım; çünkü bu tür bir adam, içindeki belli başlı uç noktalar ezkaza tutuşacak olsa kendini gaddar ve yıkıcı bir varlığa hakikaten dönüştürebilirdi. Gözleri insanın içine işleyen bir biçimde gözlemciydi; gözlüklerinin ötesini, belki de zamanın ötesini görüyor gibiydiler. Burnu kemerliydi. Jung'u gençken ve olgunluk yıllarında gösteren bir sürü fotoğraf görmüştüm ama hiçbir şey, o an birlikte oturduğum insanla o fotoğraflar arasında bir alaka kuramazdı. Bu dönüşümle çarpılmıştım çünkü Jung şimdi antik bir simyacıya benziyordu. Elleri, tıpkı Hesse'ninkiler gibi, boğum boğumdu ve sol elinin yüzükparmağında altın kakmalı koyu renk bir taş vardı ve üzerinde tuhaf karakterler işliydi.

Sohbetimiz, gayet hoş ve samimi başladığı için benim düşündüğümden daha uzun süreceği belliydi. Ayrıca görüşmemizin, bir ilk karşılaşmadan ziyade eski ahbapların bir buluşmasına benzediğini hissettim. Sizi bekleyen, sizi beklediğini bildiğiniz biriyle görüşmek gibiydi.

Yine Dr. Jung'un fikirlerine dönecek olursak şunları söyledi: "Bilinçdışı, sahiden bilinçli olmayan anlamına geldiği için kimse –Hinduların iddia ettiği gibi– hayattayken bu hali edinemez ve o hali sonradan hatırlayamaz. Hatırlamak için bilinçli bir izleyiciye sahip olmak gerekir ki o da Benlik ya da bilinçli varlıktır. Tüm bunları Mysore'nun Guru'su Maharaja ile tartıştım..." Konuşmasına ara verdi ve piposunu tırabzana pat pat vurdu.

"Hep şunu düşündüm" diye söze girdim. "Hindular, *Samsara*'nın çarkından kaçmak amacıyla Ego'dan kurtulmaya çalışırlar; bir Hindu için sonsuzluk, uykusuzluğun devam eden bir hali olurdu ve bu yüzden de kendini Bütün kavramının içine karıştırmak ister. Modern Hindu'nun istediği şey budur fakat, sizin de bildiğiniz gibi, Siddhalar hayli farklı bir şey denediler. Şimdi, sizin Ego'yla onu aşan şey arasında bir diyalog kurmayı arzuladığınızı ve bilincin ışığını gitgide bilinçdışına yansıtmayı istediğinizi, bunun bir sonucu olarak da Kolektif Bilinçdışı'ndan söz ettiğinizi anlıyorum; kutupluluk ilkesiyle Kolektif Bilinçdışı'nın ya da Süper-Bilinç'in bile var olabileceğini anlıyorum. Sizce bu, belki de Hindu'nun işaret ettiği ve *samadhi* ya da –çok daha coşkun hali– *kaivalya* sürecinden geçerken arzuladığı hal değil midir? Belki de bu hale ulaşmak için, Süper-Bilinç'e erişmek için insanın gündelik akılcı bilinçten kurtulması gerekiyordur. Dolayısıyla sizinle Hindular arasındaki sorun, sadece bir yanlış anlaşılma veya bir Hindu, Ego'nun üstesinden gelmeyi istediğini söylerken onun tam olarak neyi kastettiğini anlamak konusunda bir kusur olabilir."

"Pekâlâ olabilir" dedi Jung. "Çünkü Hindular, herkesin bildiği gibi, akılcı anlatım konusunda zayıflar. Ekseriyetle kıssalar veya imgelerle düşünürler. Akla hitap etmeyle ilgilenmezler. Elbette bu, genel olarak Doğu'nun temel durumudur... Süper-Bilinç konusundaki varsayımınıza gelince, bu metafizik bir kavramdır ve sonuç olarak benim ilgi alanım dışındadır. Yalnızca olgular ve deneyimler üzerine ilerlemek istiyorum. Bugüne kadar bilinçdışında sabit veya belirli bir merkez bulmadım, böylesi bir merkezin var olduğuna da inanmıyorum. Benim Benlik dediğim şeyin Ego'yla Bilinçdışı arasında, ikisine de eşit uzaklıkta, düşüncel bir merkez olduğuna inanıyorum; benlik, bir tamamlanma ya da tam olma halinde, muhtemelen bireyselliğin en üst derecedeki doğal ifadesine eşdeğerdir. Doğa kendini ifade etmeyi arzuladığı gibi, insan da bunu arzular; dolayısıyla Benlik tam olma hayalidir. Bu nedenle o, yaratılmış bir şey olan düşüncel bir merkezdir. Hindular bu nokta üzerine bilgece yazmışlardır. Sankya düşünürlerine göre *Puruşa*, Benlik'tir ve *Atman* da buna benzer bir şey olabilir. Gelin görün ki tanım her zaman bir kıssa biçimindedir. *Atman*'ın ne olduğunu sormak için Üstat'ına giden öğrencinin hikâyesini bilir misiniz? Üstat demiş ki: '*Atman* her şeydir.' Ama öğrenci üstelemiş: 'O, Maharaja'nın fili midir?' Üstat yanıt vermiş: 'Evet, sen *Atman*'sın, Maharaja'nın fili de öyle.' Bunun ardından öğrenci gayet tatmin olmuş bir halde oradan ayrılmış. Dönüş yolunda Maharaja'nın filiyle karşılaşmış fakat filin yolundan çekilmemiş; çünkü eğer kendisi de fil de *Atman*'sa o halde filin, onun farkına varacağını düşünmüş. Filin binicisi ona yoldan çekilmesi için bağırdığında bile bunu yapmayı reddetmiş, fil de onu hortumuyla kaldırıp kenara fırlatmış. Her yeri morluklarla dolu olan öğrenci, ertesi gün Üstat'ını bir kez daha ziyaret etmiş ve demiş ki: 'Siz bana filin de benim de *Atman* olduğumuzu söylediniz, ama onun bana ne yaptığına bir bakın!' Üstat, kusursuz bir biçimde sükûnetini koruyarak öğrenciye filin binicisinin kendisine ne söylediğini sormuş. Öğrenci de 'Yoldan çekil dedi' diye yanıt vermiş. Üstat, 'Onun sana söylediğini yapman gerekirdi' demiş. 'Çünkü file binen kişi de *Atman*'dır.' Dolayısıyla Hinduların her şeye bir cevabı vardır." Sonra gülerek ekledi Jung: "Onlar, her şeyi bilirler..."

"Hindular tamamen simgeler içerisinde yaşarlar" diye konuşmaya başladım. "Simgeler onların içine işler, birbirlerine nüfuz ederler; ama Hindular onları yorumlamazlar, birinin onları yorumlamasından da hoşlanmazlar çünkü bu, onları yok etmek gibi bir şeydir. Bence bu yüzden o kültüre ve genel olarak Doğu'ya bu denli zaman vakfetmenize rağmen eserleriniz Hindistan'da çok tanınmıyor veya tartışılmıyor. Siz simgeleri yorumluyorsunuz. Diğer yandan benim kendi ülkemde hayli tanınıyor ve yaygın şekilde okunuyorsunuz."

"Biliyorum, sürekli Şili'den ve Güney Amerika'daki diğer ülkelerden mektuplar alıyorum ve bu beni şaşırtıyor çünkü benim tüm eserlerim kendime yöneltilmiştir; yazdığım tüm kitaplar *bireyleşmenin* içten bir sürecidir, geçmişe ve –her türlü olasılıkta– geleceğe hermetik bağlantılarla bağlandıklarında bile bu böyledir. Fakat kitaplarımın ünlü olacağı beklenmediği ve kitlelere yöneltilmiş olmadığı için burada ve orada edindiğim beklenmedik başarıdan bir şekilde ürküyorum. Maalesef bu iyi bir şey değil çünkü gerçek eser sessizlikte tamamlanır ve sadece çok çok az kişinin zihnindeki bamteline dokunur. Eski bir Çin atasözü var, der ki: Eğer odasında tek başına oturan bir adam doğru düşünceleri düşünürse binlerce mil öteden duyulacaktır..."

Dr. Jung devam etmeden önce bir an için sessiz kaldı, ardından şunları söyledi:

"Evet, Hindistan olağanüstü ilginç bir ülke ve o deneyimi *doğru* şekilde yaşamalısınız, saati gelene kadar onu yoğun bir biçimde yaşamalısınız... Ben de o evrenle yüzleşmek, Hıristiyan Batı'nın bir ürünü olarak onu kendi yollarımı sınamak amacıyla kullanmak ve Hindularınkiyle örtüşen ama Batı'da çoğunlukla keşfedilmemiş olarak kalan içimdeki o bölgelere hayat vermek istedim. Bu yüzden de 1938'de Hindistan'a gittim. İzin verin, o ülke hakkında şimdi ne düşündüğümü anlatayım, sonra beni düzeltebilirsiniz. Görebildiğim kadarıyla bir Hintli, bir Hintli olarak kaldıkça, *düşünmez* – en azından bizim düşündüğümüz gibi düşünmez. Daha ziyade bir düşünceyi *algılar*. Böylelikle Hintli, düşünmenin ilkel yollarını andırır. Hintlinin ilkel olduğunu söylemiyorum; fakat onun düşünce süreçlerinin, düşünceleri üretmenin ilkel yöntemlerini bana hatırlattığını söylüyorum. İlkel akıl yürütme, esasen sadece anlık sonuçlar algılayan bir bilinç işlevidir. İlkel zamanlardan beri hemen hemen aralıksız ilerlemekte olan bir medeniyette o türlü bir akıl yürütmeyi bulmayı ancak hayal edebiliriz. Batı Avrupa'daki bizim doğal evrimimiz, kendimizinkinden daha yüksek bir konumda olan bir medeniyetten gelişmiş bir maneviyatın ve bir ruhiyatın başlangıcıyla kesintiye uğradı. Biz daha en başta, inançlarımız hâlâ barbarca çoktanrılıyken kesintiye uğradık; bu inançlar yeraltına inmeye zorlandılar ve son iki bin yıldır da orada kaldılar. Sanıyorum bu, Batılı zihinde bulunan bölücülüğü açıklar. Hâlâ ilkel olan bir haldeyken Hıristiyan nezaketinin ve sevgisinin sofistike ilkelerini nispeten benimsemeye zorlandık. Böylece Batılı adamın zihninin bilinçli olan ile bilinçdışı kısmı arasında bir çözülme meydana geldi. Bilinçli zihin, akıldışılıktan ve içgüdüsel dürtülerden kuşkusuz ki azade oldu ancak tam bireysellik kayboldu. Batılı insan, bilinci ile bilinçdışı kişiliği arasında bölünmüş biri haline geldi. Bilinçli kişilik her zaman evcilleştirilebildi çünkü ilkel olandan koparılmıştı ve bunun bir sonucu olarak Batı'daki bizler son derece disiplinli, organize ve akılcı hale geldik. Diğer yandan bilinçdışı kişiliğimizin baskılanmasına izin verdiğimiz için ilkel insanın eğitimini ve medeniyetini anlamanın ya da değerlendirmenin dışına itiliriz. Bununla birlikte bilinçdışı kişiliğimiz hâlâ varlık gösterir ve ara sıra kontrol dışı bir davranışta patlak verir. Dolayısıyla en şaşırtıcı barbarlık örneklerine yeniden sapabiliyoruz; bilimde ve teknolojide ne kadar başarılı oluyorsak icatlarımızı ve keşiflerimizi kullanışımız da o kadar şeytani oluyor."

Dr. Jung konuşmaya şöyle devam etti: "Fakat insanın bilinçli yanının farkına varmasını sağlamak onu medenileştirmenin tek yolu değil, zaten ideal yolu da değil. İnsanın türlü kısımlarını düşünmek yerine onu bir tür bütün olarak düşünmek çok daha tatmin edici yaklaşım olurdu. İhtiyacımız olan şey, insanın daha üstteki varlığı ile daha alttaki varlığı arasında var olan vahim çözülmeye bir son vermektir; bunun karşılığında bilinçli insanı ilkel insanla birleştirmeliyiz. İlkelcilik için gerekli olan her şeyi birleştirmiş bir medeniyeti Hindistan'da bulabiliriz, bunun sonucunda bir bütün olarak düşünülen insanı buluruz. Hindistan'ın medeniyeti ve ruhiyatı kendi tapınaklarında iyi temsil edilir çünkü bu tapınaklar Evren'i temsil eder. *Düşünmemek* ile neyi kastettiğimi açıklamak amacıyla bu noktanın özellikle üzerinde duruyorum. Kastettiğim şey düpedüz şudur: Nasıl düşüneceğini henüz öğrenmemiş ama hâlâ düşüncelerini sanki görünümlermiş ya da yaşayan varlıklarmış gibi algılayan ve tanrılarını sanki –içgüdüsel gerçekliğe dayalı–

görünür düşüncelermiş gibi algılayan bir insan –şükür ki– hâlâ var. Tanrılarıyla barışmıştır ve o tanrılar onunla yaşarlar. Sürdürdüğü hayatın Doğa'ya yakın olduğu doğrudur. Böylesi bir hayat umut doludur, vahşilik doludur, sefalet doludur, hastalık ve ölüm doludur; bununla birlikte bir tamamlanmadır, bir tatmindir ve sırrına *erişilmez* bir duygusal güzelliktir. Şüphesiz ki bu medeniyetin mantığı kusursuz değildir; biz de bu yüzden Batı biliminin parçalarını batıl inanç dediğimiz şeyle yan yana görürüz. Ne var ki bu çelişkiler bize olasılıksız görünür, Hintlilere göreyse öyle değildir. Eğer bu çelişkiler varsa bunlar sadece özerk düşüncenin tuhaflıklarıdır. Hintlinin kendisi bu çelişkilerden sorumlu değildir çünkü onun düşüncesi *onun aklına gelir*. Bu görüngü, Hintlinin Evren'in ayrıntılarına karşı ilgisizliğiyle örneklendirilir. O sadece bir tamlık görünümüne sahip olmakla ilgilenir. Fakat ne yazık ki yaşayan dünyanın bu iki kavram arasındaki bir mücadelede mahvolabileceğinin farkında değildir..."

Profesör Jung ara verdi, sandalyede arkasına yaslandı ve uzak bir noktaya bakıyor gibiydi – belki de kendi Hintli imgesine bakıyordur.

"Evet, Hindistan'ın benzediği şey budur" diyerek sözü aldım ve şöyle devam ettim: "O büyük bir doğal medeniyet veya daha çok bir Doğa medeniyeti. Aslında bütün Doğu'nun, en azından çok yakın bir zamana kadar, Doğa'ya *hükmetmeye* çalışmadığı, aksine onun kanunlarına saygı duymaya ve onları anlamaya – yani onlara bir anlam vermeye– çalıştığı söylenebilir. Bununla birlikte *persona* algısına sahip değildir, sadece arketipi bilir. Kişilik fikrinin ille de iyi bir şey demek olmadığının elbette farkındayım; belki de tam tersidir..."

"Evet, Hindistan arketiptir" diye karşılık verdi. "Bu yüzden de Hindistan'a gittiğimde Swamileri veya Guruları ziyaret etmek için hiç plan yapmadım, Somerset Maugham'la o kadar ilgilenmiş Ramana Maharshi'yi görmeye bile gitmedim çünkü bunu yapmanın çok da gerekli olmadığını hissettim. Bir Swami'nin ne olduğunu biliyorum; onun arketipinin tam bir ideasına[33] sahibim ve bu onların hepsini tanımamam için yeterlidir, özellikle de Batı'da olduğu kadar aşırı derecede kişisel farklılıkların var olmadığı bir dünyada. Daha fazla çeşitliliğe sahibiz ama bu sadece yüzeyseldir..."

Bir sessizlik anından sonra bu kez ben konuşmaya başladım:

"Dr. Jung, siz kendinizi daha iyi tanımak amacıyla Hindistan'a gittiğinizi söylediniz. Ben de kendi adıma benzer bir şeyi yapmak için gittim, çünkü biz Güney Amerikalıların ne olduğunu keşfetmeyi istiyorum. Biz ne Asyalıyız ne de Avrupalı. Bir Hintlinin kendi düşüncelerini *düşünmediğini* söylediniz ve ben bunu şöyle anlıyorum: O kendi zihniyle, kendi beyniyle düşünmez ama onun düşünceleri varlığının başka bir merkezinde üretilir. Sizce bu mümkün müdür? Her zaman gördüğüm kadarıyla biz Güney Amerikalılar, akılcı bir merkezden değil de başka bir merkezden *düşünürüz*, diğer yandan sonuç olarak ilk işimiz o diğer merkezin ne olduğunu keşfetmektir ki böylece kendi varlığımızı anlamaya başlayabileceğiz. Bu merkezin nerede yer aldığını düşünüyorsunuz? Sizce *çakraların* –Yoga'nın psişik merkezlerinin– varsayımını ciddiye almalı mıyız?"

Jung "Sorunuz çok ilginç" diye yanıtladı ve konuşmaya devam etti: "Bir keresinde Pueblo yerlilerinin reisiyle ettiğim bir sohbeti hatırlıyorum, adı Ochwiay Biano'ydu, anlamı Dağ Gölü'ydü. Bana beyaz adam hakkındaki izlenimlerini anlattı; onların her zaman üzgün olduklarını, her zaman bir şey

33. Burada Platon'un "idealar dünyası"ndaki "idea" kavramına gönderme vardır. Buna göre duyusal dünyadaki her şey, idealar dünyasında bulunan değişmez gerçek olan "idea"ların bir modelidir. (ç.n)

aradıklarını ve sonuç olarak yüzlerinin kırışıklıklarla kaplı olduğunu, kendisinin de bunu sonsuz huzursuzluğun bir işareti olarak gördüğünü söyledi. Ayrıca Ochwiay Biano beyazların kafalarıyla düşündüklerini iddia ettikleri için çıldırmış olduklarını, halbuki sadece çıldırmış insanların bunu yaptığının herkesçe malum olduğunu düşünüyordu. Puebloların reisinin bu savı, beni öyle şaşırttı ki ona *kendinin* nasıl düşündüğünü sordum. Bana doğal olarak kalbiyle düşündüğünü söyledi."

Sonra Jung ekledi: "Bu Antik Yunanların da düşünme biçimiydi."

"Bu olağanüstü" dedim. "Bilirsiniz, Japonlar insanın merkezinin karın boşluğundaki sinir ağı olduğuna inanırlar. Fakat siz, beyaz insanların kafalarıyla düşündüğüne inanıyor musunuz?"

"Hayır. Onlar sadece dilleriyle düşünür" diyen Jung ardından elini boğazına yerleştirdi. "Onlar sadece sözcüklerle, bugün Logos'un yerine geçen sözcüklerle düşünür..."

"Peki ya *çakralar*, doktor, onlar hakkında ne düşünüyorsunuz? Bazı insanlar, onların Batı biliminde sinirlere eşdeğer olduğunu iddia ediyorlar. Hiç olmadı, sinirlerle aynı yerlerde bulunuyor gibi görünüyorlar. Tabii ki Tantra yogileri, *çakraların* ve nadilerin[34] fizyolojik ya da psikolojik değil, psişik merkezler olduğunu ve yine psişik olan bir 'omurga' boyunca yerleşmiş olduğunu söylüyorlar. Bu nedenle *çakralar* sadece potansiyel olarak varlar; sadece iradenin eylemiyle, o da çoğunlukla Yoga pratiği aracılığıyla vücut buluyorlar. Belki de onlar, sizin birkaç dakika önce bahsettiğiniz Benlik gibi bir şeydir – hani yaratılması gereken bir şey. Bu antik Doğu bilimi hakkındaki birçok soru her şekilde yanıtsız kalıyor ve tekniklerin birçoğu artık kaybolmuş gibi görünüyor, belki onların medeniyetini bastıran bir tufanda oldu bu."

---

34. Enerji kanalları olarak kabul edilir. (ç.n.)

Jung "Çakralar, bilincin merkezleridir" diye karşılık vererek devam etti: "Ve omurganın temelinde bulunan Kundalini, diğer adıyla Ateşli Yılan, omurga boyunca akan duygusal akımdır, altta olanla üstte olanı birleştirir veya tam tersi."

Dr. Jung sonra çeşitli çakraların Sanskritçe adlarını hatırlamaya çalışarak bir süre durdu. "Artık çok yaşlıyım ve hafızamı kaybediyorum" dedi. Benim izlenimimse aksine hafızasının fevkalade olduğuydu.

"Aşağıdan başlarsak..." diye anlatmaya koyuldu. "Omurganın temelinde *Muladhara* çakrası bulunur, sonra karın boşluğundaki *Manipura* gelir, ondan sonra kalpte bulunan *Anahata* vardır, boğazda yer alan *Vishuda*, kaşların arasındaki bir noktada yer alan *Ajna* ve sonuncu olarak da taç (tepe) *çakrası* olan *Brahma-çakra* yer alır. Bu bölgeler, sadece size ne demek istediğimi ifade etmek için yararlıdır. *Çakralar* bilincin merkezleridir. Daha aşağıda olanlar hayvani bilincimizi temsil ederler ve Muladhara'nın aşağısında olanlar da vardır."

"Sanırım tüm bu merkezleri etkinleştirebilsek bütünlüğü sağlardık" dedim. "Fakat bu, muhtemelen tarihin sonunu beraberinde getirirdi ki bu, bir çakradan diğerine bir sarkaç hareketine benziyor. Bir başka ifadeyle, her medeniyet belirli bir çakrayı ifade ediyor gibi ve bilincin farklı türleri dünyanın çeşitli kısımlarında ve çeşitli zamanlarda var oluyor." Sonra Dr. Jung'a kendi ürettiği Benlik kavramını tanımlayıp tanımlayamayacağını ve kişiliğin asıl merkezinin neresi olduğuna inandığını sordum.

"Benlik..." diye söze başlayan Jung şöyle devam etti: "Merkezinin her yer olduğu ve çevresinin hiçbir yer olduğu bir çemberdir." Bu cümleyi Latince söylemişti. Sonra devam etti. "Benlik'in Batılı insan için ne olduğunu biliyor musunuz? İsa'dır çünkü İsa kahraman arketipidir, insanın en yüksek arzusunu temsil eder. Tüm bunlar çok gizemli ve zaman zaman da korkutucudur." Sonra bir an için sessizliğe gömüldü.

Ardından Dr. Jung'a onun için özellikle getirdiğim hikâyemin İngilizce çevirisinin, *The Visits of the Queen of Sheba*'nın, bir kopyasını verdim. İspanyolcasını ona özel olarak ithaf etmiştim.

Tam o sırada üç kişi yanımıza geldiler; biri siyah giyinmiş bir kadındı. Jung'a öğle yemeği vaktinin geldiğini hatırlattı. Zamanın ne kadar hızlı aktığını o zaman fark ettim, ayrılmak üzere ayağa kalktım ve elini sıktım, bir daha görüşüp görüşmeyeceğimizi bilmeden ama konuşacağımız çok daha fazla şey olduğunun farkında olarak... Hoşça kal dedi ve sonra Locarno şehrinin baş döndürücü ışıklarında dolaştım.

5 Mayıs 1959: İkinci Görüşme

Ertesi gün Montagnola'ya Hermann Hesse'yi görmeye gittim ve dönüşümde Dr. Jung'u tekrar görmeyi denemem gerektiğine karar verdim. Zürih yakınlarındaki Küsnacht'ta bulunan evine uğradım çünkü o zamana kadar tatilden dönmüş olduğunu biliyordum. Telefonla aramanın belli bir riski vardı zira Dr. Jung hiç ziyaretçi kabul etmiyordu; fakat aramasaydım Jung'la ilişkim şüphesiz ki sona ererdi. Jung'un Hindistan'dayken haberleştiğim sekreteri Aniela Jaffé, telefona cevap verdi. Jaffé benim ricam konusunda tereddütlüydü ve Profesör Jung'un kimseyi kabul etmediği ve sağlığının pek iyi olmadığı konusunda ısrarlıydı. O zaman ona Locarno'da onunla birlikte olduğumu söyledim ve gelip gelemeyeceğimi sormasını rica ettim. Bayan Jaffé telefonu bıraktı ve birkaç dakika sonra tekrar bana dönüp

Jung'un tam da o öğleden sonra saat dörtte beni kabul edeceğini söyledi.

Hemen yola çıktım ve Küsnacht'taki Jung'un evine tam vaktinde vardım. Evinin giriş kapısının üstünde Latince şu ifade yazılıydı: *Vocatus adque non vocatus, Devs aderit* [Çağrılsın ya da çağrılmasın, Tanrı mevcuttur].

Evin içi karanlık ve gölgelerle kaplıydı. Beni Locarno'da Jung'un yanında gördüğüm kadın karşıladı ve kendini Bayan Bailey olarak tanıttı. Yukarı çıkmamı rica etti, merdivenleri çıkarken duvarların ortaçağ ve Rönesans'tan kalma antik resimlerle kaplı olduğu dikkatimi çekti. Orada, üst kattaki küçük bir odada bekledim.

Vakti gelince Dr. Jung göründü ve beni samimiyetle selamladı, sonra göle bakan çalışma odasına girmemi rica etti. Odanın ortasında kâğıtlarla kaplı bir masa, etrafta ise birçok kitaplık vardı. Birkaç bronz Buda heykeli gözüme çarptı ve çalışma masasının üstünde Kailaş Dağı'nın tepesinde Şiva'yı gösteren büyük bir rulo resim vardı. Bu resim bana kuvvetli biçimde, benim bizzat Himalayalara götürdüğüm birçok seyyahı hatırlattı. Birlikte pencerenin kenarına oturduk, Dr. Jung karşımda geniş bir koltuğa rahatça yerleşti.

"Saba Melikesi hakkındaki hikâyeniz olağan bir öyküden çok bir şiire benziyor" dedi. "Kral ve Saba Melikesi'nin ilişkisi her şeyi içeriyor gibi; sahiden numen[35] bir niteliğe sahip."

Sessizce dinledim, o da konuşmaya devam etti:

"Fakat bu dünyada Saba Melikesi'yle karşılaşırsan onunla evlenmekten kaçının. Saba Melikesi sadece büyülü bir aşk türü içindir, evlilik bağı için değildir. Eğer onunla evlenirseniz hem size zarar verir hem de ruhunuz parça parça olur."

35. Numen (Noumenon): Fenomenin (görüngünün) ötesinde, yalnızca akılla kavranan öz anlamına gelir. (ç.n.)

"Biliyorum" diye yanıtladım.

"Uzun psikiyatrik tedavi deneyimimde hiç tamamen kendi kendine yeten bir evlilikle karşılaşmadım. Düşündüm de bir kez karşılaştım, çünkü bir Alman profesör, bana kendininkinin öyle olduğunu temin etti. Bir keresinde Berlin'de onu ziyaret ettiğimde eşinin gizli bir apartman dairesi tuttuğunu öğrenene kadar ona inanıyordum. Bu, bir rol olmaya benzer. Dahası tümüyle ortak anlayışa adanan bir evlilik bireysel kişiliğin gelişmesi için kötüdür; en düşük ortak paydaya doğru bir çöküştür ki kitlelerin kolektif aptallığı gibi bir şeydir. Kaçınılmaz olarak biri ya da diğeri gizem içine girmeye başlayacaktır. Bakın, bu şuna benzer..."

Ardından Jung bir kutu kibrit çıkardı ve kutuyu açtı. İçindeki kibriti iki yarıma ayırdı ve onları bir sehpanın üstüne yerleştirdi böylece uzaktan aynı görünüyorlardı. Sonra onları kutunun gözü dış kaba girene dek bir arada tuttu.

"Bu, evliliğin nasıl bir şey olduğudur" diye açıklamaya başladı: "İki yarım eşit görünürler fakat aslında değillerdir. Öyle olmamaları da gerekir, çünkü biri daima diğerini kapsayabilmelidir ya da –isterseniz şöyle diyelim– diğerinin dışında kalabilmelidir. İdeal olarak, erkek kadını bünyesinde bulundurmalıdır ve o kadının dışında kalmalıdır. Fakat bu bir derece sorunudur ve eşcinsel olan, yüzde elli beş feminendir. Bununla birlikte basit konuşacak olursak, erkek çokeşlidir. Müslüman İmparatorluğu toplumu bunu çok iyi bilir. Yine de aynı anda birden fazla kadınla evlenmek ilkel bir çözümdür ve bugün hayli pahalıya patlar."

Jung, konuşmasına devam etmeden önce güldü ve ardından şunları söyledi:

"Bence Fransızlar çözümü Üç Numara'da bulmuşlardır. Bu sayı, çoğunlukla Saba Melikesi'yle sizin karşılaşmanız gibi büyülü evliliklerde meydana gelir. Bu, Freud'un cinsellikle ilgili yorumlarından ya da D. H. Lawrence'ın fikirlerinden hayli farklı bir şeydir. Freud, örneğin Mısır'da öncelikle dinsel olan ve bireyleşme süreciyle birlikte yapılması zorunlu olan ensestle ilgili yorumunda yanıldı. Gerçekte Kral bireysel olandı ve halk sadece sınırları belli olmayan [şekilsiz] bir kitleydi. Bu nedenle Kral, bireyselliği ülke içinde tutmak ve korumak için annesi ya da kız kardeşiyle evlenmek zorundaydı. Lawrence cinsiyetin önemini abarttı çünkü annesinden aşırı derecede etkilenmişti; kadınların üzerinde önemle durdu çünkü hâlâ bir çocuktu ve kendini dünyayla bütünleştiremiyordu. Onun gibi insanlar çoğu kez en başta yeniyetme solunum hastalıklarından çekerler. Diğer bir tuhaf örnek Saint Exupéry'ninkidir; onun hakkında eşinden çok önemli ayrıntılar öğrendim. Bilirsiniz, uçmak hakikaten bir kurtulma eylemidir, dünyadan kaçmak için bir girişimdir. Fakat yeryüzü kabul edilmiş ve onaylanmış, hatta belki de yüceltilmiş olmalıdır. Bu, çoğu zaman mitlerde ve dinde tasvir edilir. Meryem'in Göğe Yükselişi dogması aslında bir kabul meselesidir; hakikaten bir kutsama meselesidir. Rüyaları çözümlerseniz bunu daha iyi anlarsınız. Ama bunu simyada da görebilirsiniz. Kadınlar tarafından yazılmış simya metinlerimiz olmaması ne yazıktır, çünkü olsaydı o zaman kadınların görüleri hakkında esas olan bir şeyi bilirdik ki bu da kuşkusuz erkeklerinkinden farklı olurdu."

Bu durumda Dr. Jung'a birinin kendi rüyalarını çözümlemesinin ve onları dikkate almasının akıllıca olup olmadığı hakkındaki düşüncesini sordum. Kendimi tekrar çözümlemeye başlamak zorunda kaldığımı ve aksi halde kaybolacak olan bazı gizli enerji kaynaklarımı kullanıyormuşum gibi yaşama gücümün arttığını hissettiğimi anlattım ve sözlerime şöyle devam ettim: "Diğer yandan Hindistan'da Krishnamurti'yle konuştum ve bana rüyaların gerçek bir önemi olmadığını ve önemli olan tek şeyin bakmak, bilinçli olmak ve anın tamamen farkında olmak olduğunu söyledi. Bana hiç rüya görmediğini söyledi. Bunun nedeninin hem bilinciyle hem de bilinçdışı zihniyle bakması, rüyalara başka bir şey kalmaması ve uyuduğunda tam olarak dinlenmesi olduğunu söyledi."

Jung "Evet, bu bir süre için mümkündür" diyerek devam etti: "Bazı bilim insanları bana bütün dikkatleriyle belirli bir sorun üzerine yoğunlaştıklarında artık rüya görmediklerini söylediler. Sonra da açıklanamayan bir sebeple tekrar rüya görmeye başladılar. Bununla birlikte kendi rüyalarınızı çözümlemenin önemi hakkındaki sorunuza dönecek olursak, bana göre tek önemli şey Doğa'yı takip etmektir. Bir kaplan iyi bir kaplan olmalıdır, bir ağaç da iyi bir ağaç. Dolayısıyla insan da insan olmalı. Fakat insanın ne olduğunu anlamak için kişi Doğa'yı izlemeli ve beklenmedik olanın önemini kabul ederek tek başına kalmalıdır. Ancak aşksız hiçbir şey mümkün değildir, simya süreçleri bile; çünkü aşk, insanı her şeyi riske atan ve önemli unsurları saklamayan bir ruh haline sokar."

Sonra Jung kalkıp kitaplıktan bir kitap çıkardı. Bu, onun kendi kitabı *Archetypes of the Collective Unconscious*'tı[36] ve içinden "Bir Bireyleşme Süreci Çalışması" başlıklı bir bölümü açtı. Bana orada yeniden üretilmiş, olağandışı bir biçimde boyanmış tabaklar gösterdi, birkaçı Tibet işi tankalardı.[37]

Jung "Bunlar yaklaşık on yıl boyunca birlikte bir bireyleşme süreci planladığımız bir kadın tarafından yapıldı. Amerikalıydı ve İskandinav bir annesi vardı" dedi. Parlak renklerle boyanmış bir resmi işaret etti. Ortasında bir çiçek duruyordu, daha çok

36. Bu kitap içinden seçilmiş yazılarla hazırlanan bir derleme kitap için bkz. *Dört Arketip*, çev. Zehra Aksu Yılmazer, Metis Yayınları, 2003. (ç.n.)

37. "Thangka", "tangka", "thanka" veya "tanka" olarak geçer. Genelde bir Budist tanrısı, bir sahne veya bir mandala betimlemesinden oluşan pamuklu, ipek aplikeli, Tibetli Budist resmidir. (ç.n.)

dört yapraklı yoncaya benziyordu; onun üstünde de mistik bir evlilikte rol alan bir kral ve bir kraliçe çizilmişti, ellerinde ateş tutuyorlardı. Arka planda ise kuleler vardı.

Jung, "Mistik evliliğin süreci çeşitli aşamaları kapsar" diyerek bir açıklama yaptı: "Ve sayısız riske açıktır, tıpkı *Opus Alquimia*[38] gibi. Çünkü bu birleşme, bunun gibi durumlarda hem doktorda hem de hastada meydana gelen ortak bir bireyleşme sürecidir aslında."

O, bu büyülü aşkı ve simyasal evliliği anlattıkça ben Süleyman ile Saba Melikesi'ni, İsa ile onun Kilise'sini ve Kailaş Dağı'nın zirvesindeki Şiva ile Parvati'yi –insan ile onun ruhunun ve androjenin[39] yaratımının tüm simgelerini– düşündüm.

Jung, kendiyle konuşurmuş gibi devam ediyordu: "Bir zamanlar, bir yerde bir Çiçek, bir Taş, bir Kristal, bir Kraliçe, bir Kral, bir Saray, bir Âşık ve onun Sevgili'si varmış. Çok uzun zaman evvelmiş. Beş bin yıl önce okyanusta bir yerde bulunan bir Ada'daymış... Böylesi Aşk'tır, Ruhun Mistik Çiçeği'dir. Bu merkezdir, Benlik'tir..."

Jung bir transtaymış gibi konuşuyordu.

"Kimse ne dediğimi anlamadı" dedi. "Sadece bir şair anlamaya başlayabildi..."

Duyduğumdan hareketle "Siz bir şairsiniz." dedim. "Peki ya o kadın, hâlâ hayatta mı?" diye sordum.

"Sekiz yıl önce öldü... Ben çok yaşlıyım..." dedi.

O vakit bu görüşmenin artık bitmesi gerektiğini anladım. Hermann Hesse'nin kitabını, *Piktor'un Başkalaşımı*'nı getirmiştim. Ona çizimleri gösterdim ve Bozkırkurdu'nun selamlarını ilettim.

---

38. "Simya eseri" anlamına gelir. (ç.n.)
39. Androjen: Çift cinsiyetli, hem erkek hem dişi olan. (ç.n.)

Jung "Mitler ve simgelerle ilgilenen ortak bir arkadaş aracılığıyla Hesse'yle tanıştım" dedi. "Arkadaşı bir süre benimle çalıştı fakat sonuna kadar takip edemedi. Yol, çok zordur..."

Jung'un evinden ayrıldığımda geç olmuştu ve göle doğru yürüyerek inerken sohbetimiz üzerine düşündüm ve duygularıma çekidüzen verdim.

Büyülü Evlilikler

Göle doğru yürürken bireyleşme sürecinde Jung tarafından keşfedilen ikinci bir dil olup olmadığını merak ettim. Eğer ona sorsaydım bunu inkâr ederdi, biliyorum. Fakat öyle olsa bile, böyle bir dilin var olduğundan eminim. Bu dil keşfedilmeyi bekler halde orada duruyor gibi geliyor bana. Bir adamın ne yaptığı ile kendiliğinden neyin gerçekleştiği arasında bir fark vardır. Bunu dünyanın birçok yerinde, binalarda, sanat eserlerinde ve kendilerine rağmen yüceliğe erişmeyi başarmış belli insanların hayatlarında gördüm. Bir insan kararlılık ve azimle bir işe koyulur, sonra başka bir dünyadan ansızın bir rüzgâr fırtınası gelir ve her şey değişir. O insan, Tanrılar tarafından kullanılır gibi görünür; kendine rağmen Mit'in bir parçasıdır. Jung'un çalışmaları, çizgisinin geleceğe taşınmaması için fazla azimli ve dramatik olmuştur. Jung, Agnostiklerin ve simyacıların eserini yeniden canlandıran kişi olarak, aslında onların dışında kalmaya niyetli olsa da onların gizemlerine bizzat katılmak zorunda kaldı. Çünkü ne Agnostikler ne de simyacılar simgeleri psikolojik çözümlemeler uğruna yarattılar, aksine büyünün kendisi için oluşturdular. Bu da Jung'un, büyüye karşı savaşsa da günümüzün resmi biliminin sınırlarının ötesine geçmeye istekli bir büyücü olmaya kendini mahkûm ettiği anlamına gelir. Bence sadece şairlerin onu anlayabildiğini söylediğinde o da bunun farkındaydı.

Felsefi simyada simyacı maddelerini karnilerinde[40] karıştırırken onunla birlikte çalışan *Mistik Kız Kardeş* (*Soror Mystica*) İdea'sı vardır. O kız kardeş, eriyip kaynaşmanın uzun süreci boyunca her zaman simyacıyla birliktedir ve en sonunda Androjen'in yaratımını kapsayan mistik bir evlilik meydana gelir. Bu, kadının varlığı olmadan, kısaca Kız Kardeş'in ve Simyacı'nın psişik karşılaşımı olmadan gerçekleşemezdi.

Jung laboratuvarında hasta ile psikanalist arasında çalışılan bireyleşme sürecinde de aynı eriyip kaynaşma meydana gelir. İkisi arasında imgeler ve rüyalar üretilir ve her ikisi için de ortak hale gelir, böylece ikisi de rüyayı ya da imgeyi ilk kimin ürettiğini hatırlamaz. Bu psişik birleşme sıradan aşkta asla gerçekleşmez, çünkü iki âşık da kendilerini tamamen eriterek birleşmeyi isteyebilse de onları ayıran bir şey daima olacaktır. Büyülü evlilik tek başına boşluğu kapatabilir. Jung, bu psişik birleşmenin sadece bir aşkın ruhunda gerçekleşebileceğini söyledi çünkü insan ancak o zaman her şeyi riske etmeye hevesli olabilirdi. Bununla birlikte psişik birleşmenin aşkı aldatıcı ve tehlikelidir; fiziksel yaratımın yasalarına ve tarihe aykırı, sevgisiz bir aşktır. Yalnızca evlilik bağının dışında tamamlanabilen yasak bir aşktır. Öyleyse Saba Melikesi için duyulan bu aşk, etten kemikten bir çocuk vermez ama ruhun ya da hayal gücünün bir çocuğu olur. Bu, her bir âşığın psişesi içerisinde karşıt unsurların eriyip kaynaşmasıdır, büyülü bireyleşmedir. Bu aşkın fiziksel aşkı dışlamadığı doğrudur ama fiziksel olan ritüele dönüştürülmüş hale gelir. Dışlanmış olan şey ortak cinsel hazdır.

40. Laboratuvarda damıtma işlemlerinde kullanılan, geniş karınlı, dar ve eğri boyunlu cam kap. (ç.n.)

Bu karmaşık fikri açıklamanın en iyi yolu, Hindistan'ın, Siddha büyücülerinin psişik birleşmeyi başarmaya çalıştıkları, Tantra pratiklerini göz önüne almaktır. Tantra ritüelleri karmaşık ve gizemlidir. Yeni ergin, yasak ilişkide bulunmamış olmak zorundaydı ve kadın çoğunlukla tapınağın kutsal fahişelerinden biri olurdu ki bu, gerçekte yasak ilişkide bulunmamış olmakla aynı şeydi. Ritüelin doruk noktasından önce uzun bir hazırlık gerekliydi. Adam ve kadın ormana çıkıp giderdi, erkek ve kız kardeş gibi, simyacı ve onun kız kardeşi gibi yaşarlardı; fikirleri, imgeleri ve sözleri değiştokuş ederlerdi. Aynı yatakta birlikte uyur ama birbirlerine dokunmazlardı. Ancak aylarca süren hazırlıktan sonra, kırmızı şarap içilip et ve tahılın yendiği son Tantra Ayini gerçekleşirdi ve en sonunda *Maithuna*, diğer deyişle mistik cinsel birleşme gerçekleşirdi. Bu eylem uzun süblimleşme[41] sürecinin doruk noktasıdır ki bu sırada insan doğası dönüştürülür ve başkalaşırdı, bu tıpkı simyada kurşunun altına dönüştürülmesi gibidir; cinsel birleşme eylemi sahiden belkemiğinin temelindeki mistik ateşi tutuşturmak için istenirdi.

Bu söndürülemez ateş yüce aşkın bir sonucudur ama sıradan cinsel eylemle yapabileceği herhangi bir şey yoktur ki onda fiziksel bir şey yeni bir bedene can vermek için ölür. Bu aşkta ise ölümün ruhu etkindir ve bir ruhun hayatını üretir. Kadın, büyülü aşkın bir rahibesidir, işlevi de Tantra kahramanının çeşitli *çakralarına* dokunmak ve onları canlandırmaktır ki tam olma hali sağlanana kadar onun, bilincin yeni seviyelerine ulaşmasına böylece izin verilir. Sonunda kazanılan haz kati surette yasak olan meni boşalmalarından biri değildir, fakat karşıtların eriyip kaynaşmasını temsil eden Üçüncü Göz'ün açılmasının, bir görünün hazzıdır. Adam boşalmaz ama kendini

41. Bir cismin katı durumdan sıvı duruma geçmeden doğrudan gaz durumuna dönüşmesidir, simya örneğiyle karşılaştırıldığı için bu şekilde aktarılması tercih edilmiştir. Kastedilen ise ruhun yüceltilmesidir. (ç.n.)

döller, böylece yaratımın süreci tersine döndürülür ve zaman durdurulur. Bu yasak aşkın ürünü Androjen'dir; tüm *çakraları*, ya da diğer deyişle bilincinin tüm merkezleri uyandırılmış olan Tam Erkek'tir. Beş bin yıl önce bir Ada'da ruhun Son Çiçeği olan Benlik'le bir karşılaşımdır...

Sevgisiz aşkın bu töreni bir kez tamamlandığında adam ve kadın ayrılırlar. Onlar artık tamam ve bireyleşmişlerdir. Bu Tantra Ayini'nde erkek, aslında kendi ruhuyla evlenmiştir; erkek Anima'yla, kadın da Animus'uyla evlenmiştir.[42]

Hindistan'da Khajuraho Tapınağı'nın duvarlarında bu yasak aşk binlerce oyma figürle tasvir edilir. Ama hiçbir yerde çocuk heykelleri yoktur ve bu nedenle bu aşk doğal olmayan bir aşktır. Tapınağın içindeki çok gizli bir yerde Androjen Şiva, gözleri kapalı bir şekilde meditasyon yaparak, düşünerek ve kendi yaratım eyleminin tadını çıkararak oturuyordur.

Hindistan'da bu yasak aşkın anlamı, Vrindavan bahçelerinde âşıklarıyla dans eden, Hesse'nin de çok sevdiği, mavi tanrı Krishna'nın hikâyesi içinde tekrar eder. Onun baş âşığı, evli bir kadın olan Radha'ydı ve Krishna, bu kadınla birlikte bir *Mandala*'nın içerisinde dans ederlerken Üç Numara'yı anladı ve Benlik'e erişti.

Bu tuhaf ayinlerde *Maithuna*'nın fiziksel olması önemli değildir; önemli olan Mistik Kız Kardeş'in orada, simyacının yanında olması ve simyacı kendi maddelerini karıştırırken ona yardım etmesi ve en büyük ihtiyaç anında, Mecdelli Meryem gibi, ona el uzatmasıdır. Öyleyse değerli olan, bireyleşmenin bu sürecinde birlikte yaratmak ve kendilerini bulmak için ikisinin, hastanın psikanalistle, psişik etkileşimidir.

42. Anima erkeğin kadın yönünü, animus ise kadının erkek yönünü temsil eder. Jung psikolojisinc göre her erkek kendinde doğuştan var olan kadın arketipine (anima) uyan kişilere, kadın ise kendi erkek arketipine (animus) uyan erkeklere yönelir. (ç.n.)

Son evlilik, ya da birleşme, yalnız bireyin içinde meydana gelir, adam öyle tümüyle tek başınadır ki kendi bedenine dair gerçekten hiçbir şey hissetmez. Bu birleşme, Jung'un "duygusal akım" diye tanımladığı Kundalini tarafından gerçekleştirilir. Simyacıların cıvası ya da okültizme inananların "astral ateş"i gibi, Kundalini en sonunda Üçüncü Göz, diğer deyişle *Ajna Çakrası* açılana ve *Brahma Çakrası*'na veya Nihai Boşluk'a erişilene kadar *çakraları* tek tek uyandırır. Bu, Anima'nın Animus'la birleşmesi aracılığıyla erişilen Benlik ile Ego arasındaki bir evliliktir. Dante, Beatrice'in elinden Cehennem'e düşer ve sonra da Cennet'e yükselir...

"Sadece şairler beni anlayabilecektir..." Artık Jung'un sözlerinin gücünü anladım; aynı zamanda Jung'un, yani büyücünün, İnsan-Tanrı'nın efsanevi diyarına bizi geri götürebilir gibi görünen şu Gizem'lerinin bugün parçası olabilmemizi neredeyse tek başına mümkün kılmış olduğunu da anladım.

Ve artık Jung'un mesajını ortaya koyabilen, yeniden yazılmış bir parşömen gibi halihazırda orada duran eserinin altında yatan dilini yorumlayabilen bir öğrencinin ortaya çıkmasını beklemek zorundayız. Bu öğrenci bir rahip, bir büyücü ya da bir şair olmak zorunda kalacak.

Dr. Jacobi'yle Birlikte

Zürih'ten ayrılmadan önce bana yardım ettiği için Dr. Jolande Jacobi'ye teşekkür etmek istedim. Bu nedenle yaşadığı evde onu ziyarete gittim. Dr. Jung'la konuşmalarımı dinlemeye çok meraklıydı ve bana dikkatle sorular sordu. Jung'un dünyanın durumu hakkında konuşup konuşmadığını öğrenmeyi özellikle arzu ediyordu.

"Jung 1964'te bir savaşın ya da bir felaketin meydana geleceğinden çok korkuyor" diyerek anlatmaya koyuldu: "Çünkü o yıl, dünya bir dönemden başka bir döneme geçer. Mesih'in gelişi mevcut devrin başlangıcıyla, yani şu an sonuna yaklaşan Balık burcuyla kesişti."

Dr. Jacobi'ye Jung'un bununla ilgili hiçbir şey demediğini söyledim.

"Jung aynı zamanda uzaydaki başka dünyalardan varlıkların gelişinden de büyülenmiştir ve onları, dünyanın birçok yerinde deneyimlenmiş olan uçan dairelerin kolektif görünümüyle bir tutar. Jung, insanlığın devasa bir değişim geçirmek üzere olduğuna inanıyor."

"Jung bunların hiçbirinden bahsetmedi" dedim. "Biz *çakralardan* konuştuk. Onların bilincin merkezleri olduğunu ve Kundalini'nin onları birleştiren duygusal akım olduğunu söyledi."

"Hayır" dedi ve devam etti: "*Çakralar* enerji merkezleridir ve Kundalini Yoga fiziksel enerjinin gelişimini temsil eder..."

"Aynı zamanda rüyaların yorumlanması hakkında da konuştuk ve kendi rüyalarımı anladığımda yaşama gücümün de artıyor gibi olduğunu anlattım" dedim.

Dr. Jacobi "Bu, mantıklı" diye yanıt verdi. "Çünkü aksi takdirde kaybolabilecek olan enerjiyi sahiden koruyorsunuz. Fakat kendi rüyalarınızı doğru olarak çözümlemeniz aşırı zor bir şeydir."

Sonra Dr. Jacobi'ye Arketipler hakkında ne düşündüğünü sordum.

O da şöyle yanıt verdi: "Arketip psişenin yapısı gibi bir şey ya da belli bir evrensel biçime sahip bir dürtüdür, ama aslında kimse İdea'nın nereden kaynaklandığını bilmez."

"Sizce Kolektif Bilinçdışı'nın bir emsali var mıdır?" diye sordum.

"Toplumsal düzeyde Avrupa ve Amerika parlamento ve yasalarıyla Kolektif Bilinçdışı'lardır. Uluslararası hukuk, Asya ile Afrika halklarının ilkelliğiyle kutuplaşan ve denge kuran Kolektif Bilinçdışı'nın bir şeklidir. Bir yanda akılcı olana, diğer yanda barbar olana sahipsiniz. Akılcı olan yeryüzünü düzene sokup ondan kurtulmak istiyor, diğer bir deyişle akılcı olan dünyanın işleyişini düzenleme çabasından usanmış. Bu yüzden uçak Batı'nın bir simgesidir ve ne kadar çok pilot varsa o kadar az erkek vardır. Makineleşme sayesinde pilot çoktan bir tür feminen erkek olmuştur..."

Bir kadeh vermutun üstüne bu kez Hindistan hakkında sohbet ettik. Profesör Jacobi, basbayağı Hindistan'ın, *Atman*'la[43] birleştirilebilsin diye *Persona*'nın yok edildiği bir yer olduğunu düşünüyordu ve bu Vedantik fikre karşıydı. Bunun yerine insanla onun kişisel tanrısı arasında, başka bir deyişle Ego ile Benlik'i arasında bir diyalog kurma arzusuyla birlikte Jungcu psikolojiyi savunuyordu. "Bu Tanrı'nın var olduğu anlamına gelmez" dedi ve sözlerini şöyle sürdürdü: "Jung, bilinci hâlâ gölgeli kalan bölgelere doğru uzatarak, böylece yaratım işini tamamlayarak ve *Doğa'nın tamamlanmamış bıraktığı şeyi bitirerek* bilincin etki alanını genişletmeyi istiyor... Batı'da kimse Hindistan'da olduğu gibi bir tanrı olmaya çalışmaz, aksine mistik Hıristiyanlık bir gün onu Tanrı'ya bağlar, sonra da o kişi ertesi gün kalkıp kahvaltısını yapar. Onun hayatı basit bir şeydir, sadece bir inanç ürünüdür."

Dr. Jacobi'nin söylediklerinden gayet açık bir biçimde anlaşılan, onun Hindistan'ı sevmediğiydi. O zamanlar altmış dokuz

43. (*Sans.*) İçsel benlik, ruh, nefes anlamlarına gelir. Hinduizm'in Vedanta ekolüne göre temel ilkelerden biridir ve bireyin gerçek benliği olarak kabul edilir. (ç.n.)

yaşındaydı, Wilhelm ve Kont Keyserling hakkında konuştuk. Keyserling'i tanımıştı ve onun müstesna bir kişi olduğunu düşünüyordu. "O buradayken onunla konuşmak imkânsızdı çünkü bizzat kendisi bir sözcükler volkanıydı. Birçok kez burada bulundu, tam da şu oturduğunuz sandalyede otururdu" dedi.

Zürih'ten ayrılma vakti geldiğinde Jung'a mektup yazarak teşekkür ettim, ona yazdıklarım şöyleydi:

Sizinle sohbetlerimizin benim için çok derin bir önemi var. O günler anlam dolu ve neredeyse büyülü nitelikte geçmiş gibi geliyordu. Küsnacht'taki evinizde aşk hakkında yaptığımız sohbeti asla unutmayacağım.

Sohbetlerimiz boyunca etrafımızda süzülen Saba Melikesi'nin varlığını hissettim. O ve ben sadece çok kısa bir süre önce tanışmıştık fakat sizin onu uzun bir zamandır tanıdığınızı hissetmiştim. İkimizin de kendi yaşamlarımızda bu Melike'yle buluşmuş olmamız nedeniyle sonsuzluğun, hayat ile ölümün uzak kıyısında bize kadeh kaldıracağını söyleme cüretinde bulunuyorum.

Dolayısıyla belki de tek ve aynı olan Saba Melike'lerimizin hatırasına size teşekkürlerimi gönderiyorum.

Dr. Jung'un Kitabım İçin Yazdığı Önsöz

Dr. Jung'la karşılaşmamdan ilham almış ve Hindistan'a döndüğümde Saba Melikesi hakkındaki öykülerim üzerine çok çalışmıştım. Öyküler neredeyse kendi arzularına göre şekillenmeye başladı ve onların adeta kendi kendilerini yazdıklarını hissettim. Bu öyküler yazılabilsin diye salt kullanıldığımı sezdim.

Tüm bu zaman boyunca sanki bir ağa yakalanmışım gibi veya başka bir imge kullanmak gerekirse Kolektif Bilinçdışı denizinde su üstündeymişim gibi hissettim. Güçlü fırtınalarla, musonlarınkinden daha güçlü fırtınalarla hırpalanıyormuşum izlenimine kapıldım; yasemin kokusuyla dolu ılık yaz gecelerinde geçmişe, uzak zamanlara doğru uzanıyormuşum da penceremin dışından duyabildiğim eski flüt sesi, sahiden Kaldea'nın Ur'undan[44] veya Orta Asya'nın düzlüklerindeki efsanevi İskenderiye'den[45] geliyormuş gibiydi. Bu mitleri insan doğası bakımından yeniden yaratmaya çalıştım fakat sonunda ortaya çıkan şey kanlı bir ayak ve bir de yara, bir haç ve Haç'ın üzerindeki bir Çiçek'ti.

Kitap bitip de İngilizceye çevrilince onu aşağıdaki mektupla beraber Küsnacht'taki Profesör Jung'a gönderdim:

Delhi

26 Kasım 1959

Sayın Dr. Jung...

Size gönderdiğim bu sayfaları hakkıyla anlayabilecek tek kişinin siz olduğunuza eminim. Aslen İspanyolca yazıldılar ve artık İngilizceye çevrildiler. Yazılırken bir anlamda sizden esinlenildi çünkü geçen şubatta Locarno'da size verdiğim "The Visit of the Queen of Sheba" hikâyesiyle başlıyorlar. Sizin anlayışınız, bu yeni hikâyelerle eseri tamamlamam

44. Bugün "Tel el Mukayyer" olarak anılan ve antik Mezopotamya'daki Sümer topraklarında kalan bir şehir. (ç.n.)

45. Irak'ta antik bir şehir, Ortadoğu'da Büyük İskender tarafından kurulan ve onun adıyla anılan şehirlerden biri. Mısır'da da İskenderiye adıyla başka bir büyük şehir bulunmaktadır. Kitapta Asya'da diye tarif edildiği için kastedilen, Irak'taki İskenderiye şehridir. (ç.n.)

için beni teşvik etti ve onları okuyabilin diye İngilizceye çevirttim. Kitabı burada Hindistan'da yayımlatmadan önce, elyazması olarak size gönderiyorum. Yapabileceğiniz herhangi bir öneri için minnettar olurum, onu okumak için zamanınızın olması tek umudumdur.

Aşağı yukarı iki ay geçtikten sonra Jung'dan aşağıdaki mektubu aldım:

Küsnacht-Zürih

Seestrasse 228

14 Ocak 1960

Sayın Bay Serrano...

Uzun sessizliğim için beni lütfen affeder misiniz? Yaşlılık yılları tüm faaliyetlerin ***temposunu*** *yavaşlatıyor ve sonuç olarak kent çevresinden uzaklaşıp rahatsız edilmeden bir mektup yazabildiğim kırın sessiz sakinliğine çekilebildiğim zamanın sırasını beklemek zorunda kaldım.*

Elyazmanız olağandışı bir eser. O bir rüya içinde rüya kitabı, belirtmem gerekir ki hayli şiirsel ve bilinçdışının alışık olduğum doğal ürünlerinden çok farklı, iyi bilinen arketip figürler açık seçik fark edilebilir olmasına rağmen. Şiirsel deha ilkel malzemeyi adeta müziksel şekillere dönüştürmüş, tıpkı diğer yanda Schopenhauer'in, Müzik'i arketip fikirlerin hareketi olarak anladığı gibi. Kalıba döküp şekillendiren ana unsur, güçlü bir estetik yatkınlık gibi görünüyor. Sonuç olarak okur üzerindeki etkisi, çoğalan bir rüyada, sürekli genişleyen bir uzayda ve zamanın ölçülemez derinliğinde onu tutsak eder. Diğer taraftan bilişsel unsur hiçbir önemli rol oynamıyor; hatta puslu bir arka plana geri çekilip yine de renkli imgelerin zenginliğiyle canlı kalıyor. Bilinçdışı veya bu adla her neyi işaret ediyorsak o, şiirsel yönüyle kendini size sunuyor ki ben onu en çok bilimsel ve felsefi ya da –belki de daha doğrusu– dini yönünden gözümde canlandırıyorum. Bilinçdışı elbette ***Pammeter****, yani Her Şeyin Annesi'dir (ör. bütün psişik hayatın) ki bizim psişik dediğimiz tüm farklılaşmış görüngülerin ana kalıbı, arka planı ve altyapısıdır: din, bilim, felsefe ve sanat. Onun tecrübesi –hangi şekilde olursa olsun– modern medeniyetimizde eksik olan tek deneyim olarak bütünlüğe yönelik bir yaklaşımdır. O,* ***Unus Mundus****'a giden bir kavşak ve* ***via regia****'dır.*[46]

Yeni yıl için en iyi dileklerimle...

Saygılarımla...

C. G. Jung

Bu mektupta benim özellikle dikkatimi çeken şey Jung'un, Bilinçdışı'nın kendini ona en coşkulu halde dini açıdan gösterdiğini söyleyerek kendisini tanımladığı cümleler oldu.

Dr. Jung'un mektubunu çeşitli arkadaşlara gösterdim, çoğu bu mektubu bir Önsöz olarak kullanıp kullanamayacağımı Dr. Jung'a sormam taraftarıydı. Bu isteklere direndim; bunun nedeni kısmen Dr. Jung'un canını sıkmak istememem kısmen de büyük ağaçların gölgesinde küçük bitkilerin asla yetişmediğine

46. "Unus Mundus", Latince "tek dünya" demektir; bununla her şeyin ondan kaynaklandığı ve yine ona döndüğü birleşik bir gerçeklik olarak açıklanır. "Via regia" ise Ren Nehri'nden başlayarak Avrupa'nın doğusundan batısına devam eden ve tarihi ortaçağa uzanan eski bir yoldur. Buna göre metindeki Latince sözler, "birleşik gerçekliğe giden yol" olarak anlaşılabilir. (ç.n.)

inanmamdı. Ayrıca bu mektubu bir destek olarak kullanmanın yanlış olduğunu hissettim çünkü onun kendi için yapmış olduğu gibi tek başıma yoluma devam etmem gerektiğine inanıyordum.

O dönemde İngiliz tarihçi Arnold Toynbee Yeni Delhi'deydi ve bir gün ona birlikte öğle yemeği yemeyi teklif ettim. Jung'dan bahsediyorduk ve Toynbee, Jung'u okurken dünya medeniyetlerinin mitsel bir yorumu için araştırma yapmaya karar verdiğini söyledi. Ona Jung'un mektubunu gösterdim ve onu bir Önsöz olarak kullanıp kullanmamamla ilgili düşüncesini sordum. Toynbee kararsızdı fakat Jung'a yazarak mektubunu bir Önsöz olarak kullanıp kullanamayacağımı sormaya karar vermemi sağlayan şey, aslında tam da Toynbee'nin Jung okumanın çalışmalarında ona ilham verdiğini itiraf ettiği bu sohbetimiz oldu.

Dr. Jung'un yanıtı çabuk geldi, sanki benim ricamı bekliyormuş gibiydi ve o ilk mektubu aslında bir Önsöz olarak kullanılması umuduyla yazmış olduğunu hissettim.

Küsnacht-Zürih

Seestrass 228

16 Haziran 1960

Değerli Bay Serrano,

Nazik mektubunuz için teşekkür ederim. Epey bir süre önce almaktan onur duyduğum eski mektubunuza yanıt vermek için bugüne kadar gerekli zamanı ve fırsatı bulamadığım için hakikaten içten vicdan azabı çekiyorum. Bu gibi durumlarda adamakıllı bir yanıt verebileceğim **kairos***'u, yani doğru zamanı, beklemek zorundayım hep. Fakat son zamanlarda o kadar çok şeyle, hepsinden ötesi de ısrarcı misafirler tarafından, rahatsız edildim ki yanıt vermek için* *uygun zaman çıkmadı. Yine de size mümkün olduğunca kısa sürede yazmaya kararlı bir halde mektubunuzu yanımda taşıyorum ve bir süre sonra bir yanıt alacaksınız.*[47]

Şimdi ricanıza gelince, mektubumun kitabınıza eklendiğini görmekten memnun olacağımı söylemekten mutluyum. Baskıdaki bir yanlışa dikkatinizi çekebilir miyim? Herkesin Annesi'nin Yunanca adının doğrusu ***Panmeter*** *değil,* ***Pammeter****'dir.*

Ülkenizin başına gelen korkunç felakete –denebilir ki– paralel olarak sizin de bir kaza geçirdiğinizi duyduğuma üzüldüm. Devasa tahribatın ve büyük can kayıplarının haberlerini dehşet içinde okuyoruz. Bilimsel akıl böylesi çakışmalarda aynı acıyı duymasa da Toprak Ana insanlıkla benzer bir açmazın içinde gibi görünüyor.[48]

Henüz yaz tatilime başlamadım. İçine daldığım iş yükünden çıkmak için hâlâ çabalıyorum.

Bir an önce iyileşmenizi diliyorum!

Saygılarımla

C. G. Jung

47. Söz konusu mektup ve ona verilen yanıt kitabın ileriki sayfalarında yer almaktadır.

48. Şili'de 1960'ta yaşanan depreme gönderme yapıyor. O zaman Jung'a şöyle yanıt vermiştim:

"Toprak Ana'yla insan zihni arasında derin bir bağlantı olduğundan eminim. Zaman zaman yeryüzünün büyük bir beden ve insanın da o bedenin hücreleri gibi olduğunu düşünürüm. Siz geçirdiğim kazayla ilgili yazınca bunun, ülkemde meydana gelen korkunç afete paralel bir şey olduğunu bana da düşündürdünüz.

Şili kırsalının fantastik güzelliği, dağları ile gölleri ve karla kaplı volkanların etrafındaki berrak havanın olağanüstülüğü bana cehennemin kenarında yaşayan bir ruhun güzelliklerinden birini veya tüberkülozdan ölmesi kaçınılmaz olan hasta bir kızdan çıkan tuhaf ışığı hatırlatır.

Evet, Şili Toprak Ana'nın bedeninin sıra dışı bir noktası ve benim tüm varlığım o ülkeye dahil. Hakikaten ben dünyanın güneyinden bir adamım." (Jung'a yazılmış bir mektuptan alıntı, 27 Haziran 1960)

İşte bu, Dr. Jung'un benimle simgesel ve şiirsel bir eserdeki işbirliğinin hikâyesidir. Onun, bütün hayatı boyunca tümüyle edebi olan bir esere bir başka Önsöz yazdığına inanmıyorum. Onun yazdığı şekildeki giriş yazıları, bilimsel eserlere ya da *I Ching* ve Wilhelm'in *Altın Çiçek*'i ya da *The Tibetan Book of the Dead* ve *The Tibetan Book of the Great Liberation* gibi çeviri eserlere yazılır. Jung'un benim için bu Önsöz'ü yazmasının nedeni neydi? Eşzamanlılığın bir örneği mi – veya yaşı olmayan Hermetik Çember'den, *Aurea Catena*'dan, gelen bir etkiye yanıt mıydı?...

Kitabımın ilk kopyası baskıdan çıktığında onu aşağıdaki yazdıklarımla birlikte Jung'a gönderdim:

> *Ne zaman okült (doğaüstü) kuvvetlerin sahiden dünyaya müdahale edip etmediğini merak etsem,* ***The Visits*** *için bu önsözü yazdığınız gerçeği kendi varlığını gösteriyor. Bu, aynı zamanda bizi birbirimize bağlayan gizemli bilinmezden gelen bir* ***ziyaret****. Bizim tanımadığımız ama bizi tanıyan birinin iradesi aracılığıyla belki de birbirimizle hep bir aradayız.*
>
> *Yeni Delhi*
>
> *21 Ağustos 1960, Pazar*

Arnold Toynbee'yle Beraber

Daha önce de dediğim gibi, Arnold Toynbee o dönem Hindistan'ı ziyaret ediyordu. Hindistan Kültürel İlişkiler Kurulu tarafından davet edilmişti ve Maulana Azad onuruna düzenlenen bir seminerde çeşitli konuşmalar yaptı. Bu konferanslarda Toynbee, evrensel dinin gerekliliğinden ve dünyanın tüm dini gruplarının yan yana barış içinde var olmasına imkân tanıyacak bir *modus vivendi*'nin[49] tesis edilmesinin gerekliliğinden bahsetti.

Toynbee'yi daima ilgilendiren şey, insanın bir milyon yıldan daha fazla bir süredir yeryüzünde var olmasına rağmen medeniyetin sadece beş bin yıl önce başlamış olmasıydı. O, medeniyetin neden daha önce oluşmadığıyla ilgilenir ve ondan önce gelen şeyin ne olduğunu merak eder. Jung'un arketipler ve evrensel mit varsayımı Toynbee'ye bir başlangıç sundu. Bana söylediği gibi: "Belki bir kabile reisinin kendisi üzerinde hâkimiyet kuran bir rüyası vardı. Bu reis Mit tarafından, bir arketip tarafından ele geçirildi ve korku ya da merakla onu bütün topluluğa aktardı."

Toynbee'ye göre din bu yüzden tarihteki ana etkendir. Doğrusu din her zaman evrensel anlama sahip ve tarihin gidişatında yeniden ortaya çıkan imgeler üzerinden canlandırılır. Toynbee bilim ve teknolojinin en sonunda evrensel bir dinin oluşumunu mümkün kılacağına inanır ve bu nedenle bilimsel gelişmeyi doğru bulur. Benim kendi görüşüm ise bilimin aklın üzerinde çok durduğu ve dolayısıyla ters etki gösterdiğidir.

Toynbee'ye Arketip kavramından ne anladığını sordum. Onun, Platoncu İdea fikrinden epey farklı olduğu ve doğal bir olgu olduğu yanıtını verdi. Bununla birlikte Jung'un eşzamanlılık varsayımını asla anlayamadığını itiraf etti. Bunun üzerine Avrupa ve Asya'da tarihin başlangıcı hakkında konuşmaya başladık ve bana Kolomb öncesi medeniyete olan ilgisi nedeniyle Güney Amerika'da çeşitli ülkeleri ziyaret ettiğini söyledi. Doğu'nun teknolojiyi ve bütünüyle dışadönük bir medeniyetin sonuçlarını deneyimlemeye başlarken, Batı'nın artık ruhun değerlerini yeniden keşfetmekle ilgilendiğini düşündüğümü söyledim. Bana göre bu gelişmenin, dünyanın dört bir yanındaki birçok renkli ırkın ilerleyişiyle yüzleşmek zorunda kalacak olan beyaz adam

49. (*Lat.*) "Yaşam tarzı" anlamına gelir. (ç.n.)

için muazzam bir tehdit oluşturduğunu söyledim. Beyaz adam için tek çözüm, bir yüzücü gibi koca bir dalgayla karşılaştığında diğer taraftan çıkmak amacıyla dibe dalmaktı. Onun sessiz kalarak renkli ırkların konuşmasına imkân tanıması gerektiğini düşünüyordum. Ayrıca beyaz adam, gelecek için bir mirası korumak amacıyla bir şekilde geri adım atmak zorunda kalacaktı. Benim fikrime göre bu, şimdiye değin ezilen ve sadece intikam arzusu duyan milyonlarca insanla ilişki kurmak için tek olası yoldu. Bu dibe dalma eylemi sadece siyasi veya toplumsal bir eylem olmamalı, beyaz adamın kendi Mit'ini ve Efsane'sini yeniden keşfetmeyi denediği ruhsal bir eylem olmalıydı. Beyaz adam ancak bu yolla kendi medeniyetinin temelini muhafaza ederdi. Hepsinden daha önemlisi, bireysel mükemmelliğin eseriydi. Bu doğrultudaki başarı da büyünün gerçekleştirilmesine bağlıydı. Toplumsal bakımdan bu, kitlelerin birbiriyle bağdaşmaz hareketlerini dengeleme becerisi olan güçlü bireycilerin Batı'da oluşmasını gerektiriyordu.

Ardından Toynbee'ye Doğu'nun, tam tersi içedönüklüğün yöntemlerini tükettiği için tamamen farklı bir soruna sahip olduğunu da söyledim. Yoga, meditasyon ve odaklanma artık sonuç vermiyordu çünkü Doğu'nun Kolektif Bilinçdışı artık bununla uyumlu değildi. Onun yerine Doğu dünyası dışadönüklüğe doğru yol alıyordu. Swamiler ve Yogiler kendi pratiklerine devam ediyor fakat bunu sadece alışkanlıktan ve sonuç üretmeden yapıyorlar. Buna karşın tanrı Vişnu'nun etten kemikten görünüşünden ziyade, fotoğrafçılığın teknik harikası gibi bir şeyin bugün Hintlileri heyecanlandırması ve onlarda daha güçlü psişik kuvvetleri uyandırması çok daha muhtemeldir. Bu sırada Batı'da kadim büyünün teknikleri, teknolojiden kurumuş kalmış beyaz adamı etkilemeye başlıyor. Serbest bırakılan psişik kuvvetler artık Batılı insanı hareket ettirip onun bütün hayatını değiştirebiliyor, dolayısıyla sarkaç pozisyon değiştirdi.

Profesör Toynbee, kendisini niteleyen sıra dışı nezaketiyle dinledi ve beyaz kafasının üstünde kımıldanıp duran Hint yaz gününün mavi ışığıyla birlikte karşımda sessizce oturdu. Benim düşüncelerime katılıp katılmadığından emin değilim, aslında bu düşüncelerimi onlar adına gerçekten bir sorumluluk hissetmeden öne sürdüm. Bir anlamda Jung'un bana tarif ettiği Hintli düşünme tekniğini takip ediyordum.

Sonra Jung hakkında konuştuk ve Toynbee, Jung'un doğum günü kutlamasına katılmak için Zürih'te bulunduğunu ve radyoda onun hakkında bir konuşma yaptığını söyledi. Yine de onu görememişti.

Sonradan Jung'un dünya sorunlarını ele alan kitaplarından birinin *–Keşfedilmemiş Benlik'in–*[50] sayfalarını karıştırdık. Ve bir mango ağacının altında oturup onun birkaç sayfasını sesli olarak okuduk.

Yeni Delhi

24 Şubat 1960

Sayın Dr. Jung...

Profesör Arnold Toynbee ile birlikte dün evimde öğle yemeği yiyordum ve bana sizin doğum gününüzde İsviçre'de olduğunu anlattı. Üzgünüm, doğum gününüzü zamanında kutlamak isterdim, bilmiyordum. Yine de samimi tebriklerimi ve en iyi dileklerimi lütfen kabul edin.

Şu günlerde kitabınız, ***Keşfedilmemiş Benlik****'i okuyorum. Ondan Toynbee'ye bahsettim. Burada, Delhi'de "Bir*

50. *Keşfedilmemiş Benlik*, çev. Barış İlhan ve Canan Ener Sılay, Barış İlhan Yayınevi, 3. baskı, 2013. (ç.n.)

Dünya Medeniyeti", "Bir Dünya Dini" ve benzeri başlıklarda birkaç ilginç konferans verdi. Toynbee'ye sizin görüşlerinizin ardından, Batılılar için bugün geriye çekilip dünya işlerini düzenlemeyi başkalarına bırakmanın muhtemelen daha iyi olacağını, çünkü Hıristiyan dünya için bugün en acil görevin Bireysellik'i, yani bir gül kadar narin ve ölme tehlikesi altında olan ***persona****'yı korumaya çalışmak olduğunu anlattım. Ona kitlenin ve niceliğin gerçek nitelikle dengelenmesinin zorunlu olduğunu ve bunun da ancak simgelerin yeniden canlandırılması aracılığıyla meydana gelebileceğini söyledim – ve bunun da sessiz bir iş olması gerektiğini ifade ettim.*

Bugün bence bu çalışmadaki tek ışık sizsiniz. Bu büyük olasılıkla gelecekte daha iyi fark edilecek ama bundan o kadar da emin değilim. Bu işi yapmaya çalışan, şu anda simgelerle çalışan birkaç sanatçı da var fakat bence onlar bu işi o kadar bilinçsizce yapıyor ki...

Küsnacht-Zürih

Seestrasse 228

31 Mart 1960

Değerli Bay Serrano,

İlginç mektubunuz için teşekkür ederim. Dünyamızda yeterince içgörü ve iyi niyet sahibi olan insanların, kitlelere tavsiye vermekten ya da onlar için en iyi yolu bulmaya çalışmaktan çok kendi "ruhlarıyla" ilgilenmeleri gerektiği konusunda sizinle tamamen hemfikirim. Onlar sadece bunu yapıyor çünkü kendilerini tanımıyorlar. Fakat ne yazık ki iyi örneğin en iyi eğitim yöntemi olduğunu bilmelerine rağmen kendileri hakkında hiçbir şey bilmeyen kişilerin çoğunlukla başkalarına öğretmeye kalkmaları üzücü bir gerçektir.

Tabii ki modern sanat, insanı karanlıkla dolu bir dünyadan haberdar kılmak için elinden gelenin en iyisini deniyor, ama ne yazık ki sanatçıların kendisi ne yaptıklarının bilincinde değiller.

Tam da insanlığın bir adım öne çıkıp insanın bilincini genişletmesi ve arındırması gerektiği düşüncesi, öyle zor görünüyor ki hiç kimse bunu anlayamıyor veya öyle nefret uyandırıcı ki hiç kimse cesaretini toplayamıyor. İnsan psişesinin ilerlemesinde öne çıkan tüm adımların bedeli kanla ödendi. Dünyanın önemli güçleri tarafından biriktirilen öz-yıkım araçlarını düşündüğümde korku ve kederle doluyorum. Bu arada herkes, herkese öğretmenlik yapıyor ve kimse iyileşmenin yolunun tam da kendinden başlaması gerektiğinin farkında değil gibi görünüyor. Bu adeta çok basit bir hakikat. Herkes bir insanın diğerini takip edebildiği ve işlerin bir arada güvenli bir şekilde yapılabildiği örgütlenmeler ve teknikler için fırsat kolluyor.

Bay Toynbee'ye şunu sormayı çok isterim: Sizin medeniyetiniz nedir ve sizin dininiz nedir? Kitlelere söylediği şeyler, kendi için doğru ve gerçek hale gelmedikçe –üzgünüm ki– neticesiz kalacak. Mutlak sözler, sıra dışı bir ölçüde kendi büyülerini kaybederler. Çok uzun zamandır çarpıtılıyor ve yanlış kullanılıyorlar. Yeni kitabınızı dört gözle bekliyorum! Sağlığınızın her zaman yerinde olması umuduyla, size yardım etmeye hazırım.

Saygılarımla...

C. G. Jung

Dr. Jung'dan gelen bu önemli mektuba benim hayli uzun mektuplarımdan biriyle yanıt verdim ki karşılığında da elyazısıyla yazılmış on sayfadan uzun bir mektup geldi. O mektup, ölümünden sadece birkaç ay önce yazıldığından –ve de mektubun derin ciddiyeti nedeniyle– benim gözümde Jung'un fikirsel vasiyeti gibi bir şeydir ve bu nedenle bu mektupların ikisine de kendi bütünlükleri içinde biraz daha ileriki sayfalarda, bir arada yer vereceğim.

Dr. Jung'dan Son Mektubu Aldım

Eylül 1960'ta Şili'ye gitmem gerekti, bu nedenle Dr. Jung'u tekrar görme umuduyla Zürih'ten geçtim. Bununla birlikte Bayan Aniela Jaffé bana onun epey hasta olduğunu ve yattığını söyledi, bu yüzden de onu ziyaret edemedim. Bayan Jaffé ayrıca bir önceki gün Jung'un, benim mektubuma yanıt olarak yazdığı ama henüz bitmemiş olan mektubu üzerinde çalıştığından da bahsetti. Bana o mektubu olduğu haliyle almamı tavsiye etti, mektubu Jung'a yatağında imzalatacağını söyledi. Ardından ertesi gün öğleden sonra onun dairesine uğramamı rica etti, böylece mektubu bana verebilirdi.

Günün çoğunu Zürih'in eski sokaklarında dolaşarak geçirdim ve katedralin yanındaki bir restoranda öğle yemeği yedim. Bu katedral anıtsal bir saate ve üstü örtülü avluda büyüyen dev bir ağaca sahipti. Bu ağaç bana tarihin bütün kudretini temsil ediyor gibi geldi ve eskiliğinden dolayı kadim güçlerin ve yeraltı mitlerinin ürünüymüş gibi görünüyordu. Yakınında ise şu an kış mevsiminin karları altında kuru ve ıssız görünen, fakat baharda açan çiçeklerle dolu olacak bir balkon vardı.

Şair Goethe bu çevrede yaşamıştı ve Katedralin Başrahibi, 1801'de ölen Johann Kaspar Lavater de onun arkadaşıydı. Goethe burayı 1779'da ziyaret etmişti. Jung, delikanlılık döneminden beri Goethe'ye her zaman büyük bir yakınlık duymuştu, hatta bir aile öyküsüne göre ikisi Goethe'nin biyolojik oğullarından biri aracılığıyla birbirlerine akrabalardı.

Saat kulesini, alçak balkonu ve ufak meydanı izleyerek orada sessizce ayakta bekledim. Ortalıkta kimse yoktu ve zaman durmuş gibiydi. Sonra bir kedi belirdi ve balkona doğru aheste aheste, telaşsızca yürüdü; ardından durup balkonun altına uzandı. Birkaç dakika sonra ayak sesleri duydum, dar sokaklardan birinden bir adam çıktı ve meydana doğru ilerledi; onun varlığı manzaranın durağanlığını artırmış gibi görünüyordu, çevresine karşı tek başına ayakta duruyordu ve onlardan yalıtılmış gibiydi.

Orada dururken Nepal'de Katmandu yakınlarındaki antik kent Patan'ın bundan farklı olan görünüşünü hatırladım, oranın da bir meydanı vardı. O meydanı çevreleyen pagodalar[51] ve saraylar, mavi gökyüzüne ve uzaktaki Himalayaların karlarına direnen bombeli çatılara sahipti. Meydan altından heykellerle bezenmiş ve binalar aşkın hallerini temsil eden ahşap oymalarla kaplanmıştı. Ben oradayken avlulara ve meydana çıkan dar sokaklara güneşte kurumaya bırakılan sarı hububat yığılmıştı. Sonra kapkara bir şala bürünmüş bir kadın, ansızın dar geçitlerin birinden çıkarak meydana geldi. Tesellisi olmayan bir halde ağıt yakıyordu, haykırışı berrak sabah havasında yankılandı.

İki sahne arasındaki fark, Patanlı kadının manzaranın bir parçası olmasıydı. Canhıraş halde ağlamasına rağmen bir varlık gibi değil de kolektif bilincin bir parçası gibi görünüyordu.

51. Budist tapınağı. (ç.n.)

Geleneğe aitti, mitin kızgın ruhuyla ve tanrılarının kanıyla ilişkiliydi. Diğer yandan Zürih'in eski meydanındaki manzara tam bir kimsesizlik örneğiydi. Elleri pardösüsünün cebinde duran adam her şeyden kopuk, kendi manzarasının dışında duruyordu. Tam da terk edilmişliğin imgesiydi; *persona*'yı ve onun ölüm korkusunu temsil ediyordu. Öğlene kadar çoktan eskimiş olan bir sabah gazetesinin parçasına benziyordu.

Bununla birlikte Avrupa sahnesinde inkâr edilemez bir güzellik vardı. Narin ve engin bir desen oluşturuyordu: meydandaki katedral, balkon, kedi ve adam. Bu, bireyselliğin, faniliğin ve sonsuzluk arzusunun dramatik güzelliğiydi.

O akşam Jung'un öğrencilerinden birkaçıyla tanıştım ve birlikte Çin'in eski yıldız haritasına, *Değişimler Kitabı* olarak da anılan *I Ching*'e, başvurduk. Önceden de dediğim gibi, bu kitap Richard Wilhelm tarafından Batı'ya tanıtıldı ve Jungcu yöntem aracılığıyla o zamandan beri modern insanın yaşam kültürüne dahil edildi. Jung, eşzamanlılık yasasını öne sürmüştü ki burada nesnel gerçekliğin dünyası ile insanın ruhu arasında bir örtüşme olduğunu varsayıyordu ve her birinin diğerini etkileyip değiştirdiğini ileri sürüyordu. Aşk ya da nefretin zirve yaptığı zamanki büyük gerilim anlarında ruh dış gerçekliği etkiler ve deyim yerindeyse "yıldızların yönünü değiştirmekte" başarılı olurdu. İsa "İnanç dağları yerinden oynatır" derdi, Oscar Wilde da "Doğa, Sanat'ı taklit eder" derdi. Aynı eşzamanlı durumda, yıldızlar insanın kaderini belirledi ve "değişimlere" hâkim oldu. Daha bilgece sözcüklerle söylemek gerekirse, kader Bilinçdışı'na bağlıdır, çünkü Bilinçdışı her şeyin annesidir, belki gökyüzü ve tüm takımyıldızlar bile buna dahildir. Evini terk ederken "bilinçsizce" ayağı taşa takılan Antik Romalı, tekrar içeri girer ve o günün işini yapmadan öylece bırakırdı. Bu, Eşzamanlılık'ın bir örneği olmaktan başka bir şey değildi, Jung bu kavramı W. Pauli'yle birlikte yazdığı *The Interpretation of Nature and the Psyche*[52] adlı bir kitapta tartışmıştır.

Dış dünyayı duyularımızla algılarız, göremediğimiz şeyleri –örneğin protonlar, elektronlar ve atomlar– zihnimizde canlandırırız. Demek ki bu algılar zannedilir ya da –neden şöyle denmesin ki– *uydurulur*. Bu olduğunda gerçeklik, tam da zihinsel bir kavrayışa uyumlu hale gelir. Böylece *akıl almaz* güç, örneğin atom bombası, sadece *akla yatkın* olmakla kalmaz, aynı zamanda zihinsel süreçler aracılığıyla algılanabilir de ve biz de haklı olarak atom patlamasının kendisinin, özünde bir idea olduğunu söyleyebiliriz.

Gerçekliğin asıl doğası, en karmaşık teknik araçları kullandığımızda bile bizim kavrayışımızın hayli ötesindedir. Çünkü bu araçları geliştirip kullanan kişi, aslında onları kendi en üstün aracının, yani dünyevi zihninin suretinde yaratmıştır. Dolayısıyla bütün teori, bütün kavrama, sadece bir işleyiş varsayımıdır ve nihai gerçeklik bizim için daima erişilemez kalacaktır. Her halükârda önemli olan şey, diğer her şeyde olduğu gibi bilimde de arketip gerçekliktir ki bu, ruha aittir ve tarihin verili bir anında kendisinden yararlanılır ve o erişilmez gerçekliğe şekil verir. Bu arketip gerçekliğe çoğunlukla karşıt yönlerden ve epey farklı işleyiş varsayımları kullanan insanlardan yola çıkarak varılır. Dolayısıyla atom bombası arketip bir gerçeklik olarak düşünülebilir. Yine geçmişte Baba-Oğul-Kutsal Ruh'ta ve Brahma-Vişnu-Şiva'da olduğu gibi, bugün Marx-Engels-Lenin'in komünist üçlemesinde tezahür eden Üç Numara da öyledir.

Bu nedenle Büyü, "gerçeklik"i ele almak için bir araç sağladığından bugüne kadar kendi gücünü kaybetmedi. Büyü,

52. Söz konusu kitabın Jung'a ait bölümü Türkçe olarak da yayımlanmıştır. Bkz. *Eşzamanlılık: Nedensellik Dışı Bağlayıcı Bir İlke*, çev. Levent Özşar, Biblos Kitabevi, 2. baskı, 2009. (ç.n.)

"Gerçeklik" ile ruh arasında bulunacak örtüşme nedeniyle var olur, tıpkı Eşzamanlılık yasasında belirtildiği gibi. Dolayısıyla ruh, aşk örneğinde olduğu gibi, aşırı bir gerilim durumundayken sahiden dönüşüme ya da şekil değiştirmeye neden olabilen doğaüstü kuvvetler yaratır.

Otel odasının zeminine oturup kadim kitaba başvurduk. *I Ching* ancak diğer tüm yöntemler başarısız olduğunda kullanılmalıdır; sadece uç durumlar içindir. Bu defa konu benim kendi durumumla ilgili olduğu için Hindistan'dan ayrılma vaktimin gelip gelmediğini öğrenmek amacıyla ona danışıyordum. *I Ching*'in yanıtı da şöyle oldu: "Kendime ket vurmamak için büyük suların kesiştiği yol ayrımına cesaret etmeliyim."

Değişimler Kitabı bir kez daha bilgeliğini ortaya koydu. Ruhuma denge vermek amacıyla Hindistan'dan ayrılmam gerekiyordu, böylece kendim için yaratmış olduğum Doğu'nun "gerçekliğini" gerekli bakış açısıyla görebildim.

Aniela Jaffé, duyarlı bir yüze ve ellere sahip narin ve zarif bir kişidir. Orada uzun uzun konuştuk, onun küçük apartman dairesinin atmosferi öyleydi ki adeta hiç düşünmeden, gitmek için kendime izin verdim. Jaffé'nin dairesi, bir manastırın avlusuna bakıyordu ve zaman zaman oradan rahibeler gezinerek geçerlerdi. Eckermann, Goethe için ne olduysa Jaffé de Jung için o olmuştu. Jaffé, Jung'un otobiyografisini tamamladığından emin oldu ki bu eser, Jung'un ölümünden sonra yayımlanan temel bir çalışmadır ve onun düşünce dünyasındaki esas unsurların birçoğunu açığa vurur.

Aniela Jaffé'ye çok minnettardım çünkü zincirde önemli bir halkaydı ve Dr. Jung'la buluşmamda bana yardım etmişti. O öğleden sonra ölçülemez değerde bir belge, Profesör Jung tarafından elle yazılmış on sayfalık mektubu verdi.

Mektupların Metinleri

İşte şimdi o iki mektuba sıra geldi. Benim mektubumu dahil etmemin tek sebebi, onun Jung'dan aldığım son mektuba vesile olmasıydı. Onunkisi İngilizce yazılmıştı ama hastalığı nedeniyle yarım kaldı. O zamanlarda Jung için sonun gelmesinden korkuluyordu fakat aslında 7 Haziran 1961'e kadar yaşadı. Mektubu 14 Eylül 1960'ta imzaladı ve zaten söylemiş olduğu gibi, onu yazmayı bir aydan daha fazla bir süre ötelemişti.

İlk olarak kendi yazdığım mektup şudur:

Yeni Delhi
7 Mayıs 1960

Sayın Dr. Jung...

Son mektubunuz benim için o kadar önemliydi ki size doğru dürüst nasıl teşekkür edeceğimi bilemiyorum. Sözleriniz çok faydalı oldu ve dediklerinizde o kadar çok hakikat var ki... Yine de herkes sizi anlamayacaktır. Kendinizi soyutlayıp sadece kendinizi kusursuzlaştırmayı düşünürseniz gerçek sorunlara çözüm bulmanın imkânsız olduğunu düşünecekler ve diyecekler ki: "Peki ya kitleler?" Bu şartlarda kendinizi kusursuzlaştırır gibi görünmenin sırf çok kötü bir egoizm olduğunu ileri sürecekler.

Ancak gerçekte bu insanlar zihnin doğru işleyişinden bihaber gibi görüneceklerdir. Çünkü zihin bir kayıt cihazı veya ses dalgalarını alıp yayınlayan bir radyo gibidir. Bir keresinde ilginç bir hikâye dinlediğimi hatırlıyorum. Bu hikâyede melekler Tanrı'dan dünyayı yok etmesini dilemişler çünkü insanlık kötülüğün sınırlarına ulaşmış.

Sonra Tanrı onlara küçük bir kızın dua ettiği, dünyanın unutulmuş bir köşesini göstermiş ve demiş ki: "Sırf onun için dünyayı yok etmeyeceğim." Bu küçük kız dua etmekten başka bir şey yapmamasına karşın bütün dünyayı ayakta tutmayı başarmış. Dolayısıyla dünyayı değiştiren, bilinçli zihin değilmiş gibi duruyor. Sözün özü dünyayı değiştiren şey, Bilinçdışı'dır. Bu nedenle bilinçli araçlar kullanarak, aklı kullanarak ya da bir şeyler yaparak Bilinçdışı'nı değiştirmeye çalışmak veya onu düzeltmek faydasızdır. Tek yol, büyü ve simya gibi kadim yöntemleri kullanmak ve eskilerin davranışlarını benimsemektir. Fakat uzun süredir bu şekilde var olan ve bu yöntemi kullanan Hindistan, bu yolu tüketti ve bundan daha fazla sonuç çıkmaz gibi duruyor. Aynısı Doğu'nun geri kalanı için de geçerli. Öte yandan Batı da akılcı yöntemi tüketti gibi görünüyor ve bugün o yöntem üzerine daha fazla ısrar etmek Batı'nın kendisi için de insanlığın geri kalanı için de mutsuzluk üretecek.

Şüphesiz ki bir değişim gerekli. Bu nedenledir ki Toynbee'ye beyaz adamın artık emekli olması ve başkalarının dünya işlerini yönetmesine izin vermesi gerektiğini anlattım. Ruhun ölümsüzlüğünü kanıtlamanın akılcı yolu olmadığı gibi, Marksizm'in ya da tarihsel materyalizmin mantığına karşı koymanın da akılcı yolu yok. Ruhun ölümsüzlüğünün kanıtı akla bağımlı olmayan başka yollarda bulunur. Bugün akla uygun şekilde kesin olan şey, yarın artık kesin olmayacaktır. Dünya akıl için aşırı değişken. Akıldışı kaynaklardan gelen düşünceleri basbayağı düşünen Hintlilerin artık biraz da Batı'nın akılcılığına ihtiyaçları var ve ufak ufak onu öğrenmeye başlıyorlar. Diğer yandan Batı, mantığa aykırı olmayı öğrenmeli; çünkü bu, Komünizm'le, devlet gücünün büyümesiyle ve kişisel kölelikle mücadele etmenin tek yolu. Bütün bunlara rağmen hakikat, mutlak doğruların olmadığıdır. Her şey sadece yaratımdır. Wilde, "Doğa, Sanat'ı taklit eder" derken Doğa'nın bilinçdışı iradeye uyması anlamında haklıydı. Bu, renklerini değiştiren bukalemundan tutun fiziksel bedenini zamanın modasına ve belirli bir dönemde kabul edilen güzellik algısına göre uyarlayan kadına kadar daima aynıdır. Bir inanç, sürdürülen ve yinelenen güçlü bir kanaat, gerçekliği doğurabilir. Ekonomik evrimin Marksist fikirleri ve kanunları, aslında doğru değildir; fakat bunlardan daha güçlü ve temelde farklı olan bir inanç ya da kanaatin muhalefeti olmadan bunlara inanılır ve de ikide bir tekrarlanırsa o zaman onları destekleyen güçlü irade nedeniyle düpedüz gerçek haline geleceklerdir. Dünyada herhangi bir türde kanun olmaması ve var olan her şeyin inanç ya da idea (düşünce) olması muhtemeldir. Kanunları mümkün kılan da budur.

Toynbee, insan zamanın meydan okumasına uygun bir yanıt bulunca tarihin değiştirilebileceğini söylerken ve zihni değiştirmenin bir aracı olarak propagandayı kullanmanın gerekli olduğunu ileri sürerken ilkesel olarak haklıdır. O, zihnin gücüne inanıyor ama onun hatası, değişimin bilinçli olarak üretilebileceği fikrinde yatıyor. Çünkü bunun üzerine Komünistler daha iyisini yapacaklardır. Her durumda sonuç, Batı için ve genel olarak dünya için aşırı kötü olurdu çünkü bugün tüm diğer yönleri göz ardı ederek ve doğal dengeleme olmaksızın, sizin de dediğiniz gibi, bütünlük olmaksızın aynı akılcı tavır üzerinde aşırı derecede ısrar ediyoruz. Kördüğümden çıkmanın tek yolu sizin önerdiğiniz şeymiş gibi duruyor: Bilim ile simya arasında ya da, belki daha da iyisi, bilim ile ruh arasında kayıp olan bağlantıyı bulmaya çalışmak için simgeleri hayata döndürmek. Çünkü bilimin kendisinin bir simge –bir izdüşüm– olabilmesi bile mümkün. Evreni fethetme arzusu ve kozmosu patlatma isteğindeki bilim, insanlığın tam olmak ya da bütünlüğü elde etmek zorunda olduğu şu eski arzuları tekrar ifade ediyor olabilir.

Ne olursa olsun, bir Hıristiyan kendi içine bakmalı ve kendini bir büyücüye dönüştürmenin yolunu kendi yaralı ruhunda aramalı, öyle ki artık sözcükleri, yani **verbum***'u, kutsala saygısızlık ederek kullanmasın. Zira sizin de bizzat söylediğiniz gibi, söz kendi büyüsünü artık kaybetmiştir. Söz artık dünyalar yaratmaz; sözcükler artık hiçbir şeydir. Bundan dolayı büyücü el kol hareketleri dışında hiçbir şekilde konuşmamalıdır. Dünyayı dönüştürebilen Bilinçdışı'ndan çıkan düşünceleri düşünmelidir. Bu çok zor bir görevdir ve dediğiniz gibi bugün kimsenin bunu üstlenmeye gücü ya da cesareti yoktur. Sahiden öyle zordur ki insan başka gezegenlere gitmeyi ya da gökyüzünde uçmayı –veya dünyayı havaya uçurmayı– tercih eder gibi görünmektedir. Çünkü bu işlerin üstesinden gelmek daha kolaydır.*

Tamlığa veya bütünlüğe erişmeye çalışmak olağanüstü düzeyde zor bir iştir. Yıllarca konuşmanın ve yazmanın hiç sonuç vermediğini hissetmişimdir; bunlar sırf dağılmaya neden olurlar. Eylem varlığa terstir. Öyle bile olsa yazmaya devam ederim.

Krishnamurti bir Üstat'ın ya da bir Guru'nun peşinden gitmenin veya dünyayı yeniden düzenlemeye çalışmanın faydasız olduğunu söylemiştir. Dediğine göre, yapılacak tek şey sessiz olmaktır. Fakat dünyanın dört bir yanında konferanslar vermeye devam eder. Bir keresinde ona neden konuşmaktan rahatsız olduğunu sordum, şöyle yanıt verdi: "Bir çiçeğin koku yaymasının nedeni ne ise ben de ondan ötürü rahatsız olurum. Çiçek neden öyle yaptığını bilmez ama bu onun doğal ifadesidir." Sonra ona bu kadar çok konuşma yapmayı sevip sevmediğini sordum, o da sevmediğini çünkü bunun onu yorduğunu söyledi. İnsan çiçeğin de koku yaymaktan yorulup yorulmadığını merak ediyor.

Bugün bizimle ilgili her şey şeytanca görünüyor, bazı şeyler aşırı derecede öyle. Bunlar, Kıyamet alameti mi? Hintli bilgeler, ***Kalpa***[53] *teorisinden bahsederken haklılar mıdır? Atlantis'i batıran tufan gibi bir başka tufanın eşiğinde miyiz? Tohum eken, tohumlarını ekmiştir, değişmez ve önceden belirlenmiş kadarı gün yüzüne çıkmıştır. Gerisi önemli değildir; dünya artık sürülmüş ve bir sonraki büyük ekime kadar sessiz kalacaktır.*

Hıristiyanların artık kat etmesi gereken zor yol sizin tarafınızdan gösterilmiştir – veya denebilir ki sizin tarafınızdan yeniden keşfedilmiştir. Onu keşfetmek ne kadar zor olmuştur! Hermann Hesse'nin sizin devasa bir dağ olduğunuzu söylemesinin nedeni şüphesiz ki budur. Yine de birçoklarının –sizin kendi öğrencilerinizin bile– sizi anladığına inanmıyorum.

Size Locarno'da ***çakraları*** *sorduğumda onların, "bilincin merkezleri" olduğunu söylediğinizi ve sonra da bana onların Sanskritçe adlarını saydığınızı hatırlıyorum. Fakat ondan kısa bir süre sonra Dr. Jacobi'yle aynı şey hakkında konuşurken o,* ***çakraların*** *bilincin merkezleri değil, sadece enerjinin merkezleri olduğunu söyledi. Buna rağmen sizin haklı olduğunuzu biliyorum çünkü kendi tecrübemde bedenimdeki bilincin farklı bölgeleri denilebilecek şeyleri keşfettim. Bazen sabahları rüyalarımın bedenimin farklı kısımlarından geldiğine dair bir hisse kapılırım. Örneğin*

53. Hindu kozmolojisine göre 1 *kalpa*, yaratıcı tanrı Brahma'nın hayatında bir günlük zaman dilimidir. Bu da Hinduizm'deki belirli bir hesaba göre insanoğlu için 4,32 milyar yıla denk gelir. Bu zaman dilimi, reenkarnasyon (hayatın döngüsü) veya Brahma'nın yeniden yaratım süreci açıklanırken kullanılır. (ç.n.)

bazıları dizlerimden gelir ve kalktıktan sonra bile onları hâlâ hissedebilirim. Eğer onlara akılcı düşüncelerle sekte vurmazsam titremeye devam ederler ve dizlerimden başlayan imgeler, daha doğrusu orada korunan imgeler benim bilincime doğru veya gün ışığına doğru bir nehir gibi akarlar. Bunlara benzeyen başka hakikatler de kalpten ya da karından gelebilir. Bunlardan dolayı bence tam bir varlık, yani ***çakralarının*** *hepsinde tamamıyla bilinçli olan bir varlık, simyacıların* ***varlığı (tanrısı)*** *gibi ya da yıldız ve gezegenler gibi yuvarlak (bütün) olmalı.*

Nasıl dinleyeceğiniz, tamamen bir öğrenme sorunudur çünkü içimizde, yaptığımızı sandığımızdan çok daha fazlasını bilen bölgeler var. Örneğin dizlerim başımın bildiğinden daha fazlasını ya da en azından hayli farklı şeyleri bilir. Öyleyse dediğiniz gibi, zerre kadar varlığa sahip olmayıp bizim tarafımızdan icat edilen bir şey gibi görünen, bununla birlikte aslında bizi kuşatıp –onsuz bir hiç olduğumuz ölçüde– üzerimizde egemenlik kuran gizemli merkeze belki de dinleme halindeyken ulaşabiliriz. Onsuz biz, ölüleri gömen ölüleriz.[54] *Bir şekilde bu gizemli merkez bizim oğlumuzdur ama aynı zamanda o da bizim babamızdır. Baba olan Oğul. Benlik. Dr. Jung, merak ediyorum, bana söyleyebilir misiniz? Bir teknikle, hatta sizin tekniğinizle Benlik'e ulaşmış, böylece kendini dönüştürüp bilincinin merkezini değiştirebilmiş biriyle uzun deneyimleriniz sırasında hiç karşılaştınız mı? Kişisel olarak ben bunun mümkün olmadığına, aksine bunun doğuştan bir şey olduğuna inanma eğilimindeyim. Bazı insanlar bu doğal kabiliyete sahip gibiler. Neden bilmiyorum, kimse de*

54. Burada İncil'de geçen (Matta 08:22) şu cümleye gönderme vardır: "İsa, 'Sen ardım sıra gel' dedi. 'Ve bırak da ölüler kendi ölülerini gömsün.' " Teologlara göre burada kastedilen, hiçbir şeyi inancın önüne koymamak gerektiğidir. Bu söz "geçmişe sünger çekmek", "geçmişte bırakmak" anlamlarında da kullanılır. (ç.n.)

bilmiyor, ama insanlar doğuştan birbirlerinden hayli farklılar. Öte yandan ortada bir tür vahiy de olabilir. Fakat o bile, Allah vergisinden daha güçsüz olan bir şeymiş gibi duruyor. Muhtemelen bu doğal seçilimin, Hintlilerin ***Karma*** *ve reenkarnasyon dedikleri şeyle bir alakası var. Hatta muhtemelen sizin göreviniz, benimki de, sadece henüz doğmamış birine tohum vermek olacaktır. Bugünün işi yarın hasat edilir. Ayrıca gelecekte bir yerde doğacak bu kişinin de yine bizden biri olması mümkündür. Öyle bile olsa, zaman bir yanılsama olduğu için bizim görevimiz anlık sonuçlar üretir.*

En içten dileklerimle...

Miguel Serrano

Şimdi de sıra Dr. Jung'un yanıt verdiği mektupta:

Küsnacht-Zürih

Seestrasse 228

14 Eylül 1960

Kıymetli Bay Serrano,

Sizin 7 Mayıs 1960 tarihli mektubunuz öyle muazzam ki yanıt vermeye nereden başlasam bilmiyorum. Çağdaş sorunlarımıza çözüm getiriyor gibi göründüğüm yol, günümüzün toplumsal, ahlaki, düşünsel ve dini yetersizlikleriyle karşı karşıya kalan modern bir birey olarak içine girmeye zorlandığım süreçtir aslında. Kesinlikle evrensel olarak geçerli olmayan ama sınırlı sayıda çağdaş birey için yeterli olabilecek sadece tek bir yanıt, yani kendi yanıtımı verebileceğim gerçeğinin farkındayım. Çünkü benim ana ilkem şundan daha fazlasını içermiyor: Deneyimin, senin kendin olmanı

–örneğin kendi bireyselliğinin doğru ifadesini– desteklediği o yolun ve o iradenin peşinden git. Hiç kimse, aynı türden varlıklarla yakından ve sorumlu biçimde alakadar olmadıkça kendi bireyselliğinin farkına varamayacağı için o kişi kendini bulmaya çalıştığında egoist bir çöle çekilmiş olmuyor. Kişi ancak kendini karşılaştırma şansına sahip olduğu ve kendiyle arasında ayrım yapabildiği bazı kişilerle –genel olarak pek çok kişiyle– derinlemesine ve koşulsuz ilişkide olduğu zaman kendini keşfedebilir. Son derece egoist olan biri Everest Dağı'nın ıssızlığına çekilecek olsaydı kibirli meskeninin rahatlığı hakkında birçok şey keşfederdi, fakat kendi hakkında neredeyse hiçbir şey –örneğin önceden bilemediği hiçbir şey– keşfedemezdi. Genel olarak insan, öyle bir durum içerisindedir ki bir dereceye kadar kendi üzerine düşünme kabiliyetine sahiptir, fakat aynı ölçüde de bilinçle donatılmış başka hayvan türleriyle kendini karşılaştırma olasılığı olmayan bir hayvandır. Samanyolu'ndaki küçücük bir zerre olan gezegende sürgün olan bir hayvandır. Bu nedenle kendini bilmez, kozmik olarak yalnızdır. Kesin olarak sadece maymun olmadığını, kuş olmadığını, balık olmadığını ya da ağaç olmadığını ifade edebilir. Fakat kesinkes ne olduğu belirsiz kalır. Bugünün insanı, yıldızlar arası iletişimi düşlüyor. Başka bir yıldızla iletişim kurabilirsek, kendimiz hakkında temel bir şeyi öğrenmenin bir aracını bulabiliriz. Bu arada ***homo hominibus lupus***[55] *sözünün korkunç bir gerçeklik olmaya başladığı ve kendimizden ötesini bilmeye aşırı ihtiyaç duyduğumuz bir zamanda güçbela yaşıyoruz. Ay'a ya da Venüs ve Mars'a seyahat etmeyle ilgili bilimkurgu ve Uçan Daireler'le ilgili edindiğimiz bilgi, bizim asıl bilinç dünyamızın ötesindeki manevi temelle birlikte yeni*

55. Latince bir deyiştir ve "İnsan insanın kurdudur" anlamına gelir. (ç.n.)

bir fiziksel temele de ulaşmak için duyduğumuz belirsiz ama derin ihtiyacımızı etkiler. 19 ve 20. yüzyılın filozofları ve psikologları bize kendi içimizde yeni bir ***terra nova***[56] *sunmaya çalışmışlardır ki bu da* ***Bilinçdışı'****dır. Sahiden bu, birçok bakımdan bize yeni bir yönelim verebilen bir keşiftir. Halbuki Marslılar ve Venüslüler hakkındaki kurgularımız hiçbir şeye dayanmaz, tersine sadece spekülasyonlardır; Bilinçdışı insan deneyiminin ulaşabileceği bir şeydir. Adeta elle tutulur bir şeydir ve dolayısıyla öyle ya da böyle bize tanıdık gelir; fakat diğer yandan anlaşılması zor, tuhaf bir deneyimdir. Arketip dediğim şeyin doğrulanabilir bir varsayım olduğunu farz edersek, o zaman sadece yaşayan insanlarda değil aynı zamanda birçok yüzyılın evrimsel sürecinde de –en azından kısmen– gözlemleyebildiğimiz, kendine fiziksel bir hayat ve bir tür bilinç bağışlanmış özerk hayvanlarla karşı karşıyayız demektir. Onlara ister Tanrılar, İblisler isterse de Yanılsamalar diyelim, onlar var olur ve görevlerini yaparlar ve her kuşakla birlikte yeniden doğarlar. Birey üzerinde kolektif yaşamla birlikte devasa bir etkileri vardır ve insani olana yatkınlıklarına rağmen ilginç bir şekilde insan-dışılardır. Bu ikinci nitelik, onların geçmişte Tanrılar ve İblisler olarak adlandırılmalarının, bizim "bilimsel" çağımızda ise içgüdülerin fiziksel tezahürleri olarak anlaşılmalarının nedenidir; zira alışılmış ve evrensel olarak meydana gelen davranışları ve düşünce biçimlerini temsil ederler. Onlar temel biçimlerdir ama gözle görülür, kişileştirilmiş ya da somutlaştırılmış imgeler değillerdir. Gözle görülür imgeler değiştiğinde gözden kaybolmayan üst düzeyde bir özerkliğe sahiplerdir. Örneğin, tanrı Wotan'a*[57] *duyulan inanç tarihe*

56. (*Lat.*) "yeni arazi" anlamına gelir. (ç.n.)
57. İskandinav mitolojisinde "Odin" olarak bilinen savaş ve bilgelik tanrısının Germen mitolojisindeki karşılığıdır. Wotanizm (Odinizm) ise İskandinav halklarının Hıristiyanlık öncesi tanrılarını onurlandırma odaklı Germenik neopaganizmin bir türüdür. (ç.n.)

karıştığında ve kimse artık onu düşünmediğinde, başlangıçta Wotan denilen görüngü olduğu gibi kalmıştı; Nasyonal Sosyalizm geniş ölçüde bir gösteri yaparken ortaya çıkan bu görüngünün ismi dışında hiçbir şeyi değişmemişti. Kolektif bir hareket, her biri Wotanizm'in belirtilerini gösteren ve dolayısıyla Wotan'ın aslında hiç ölmediğini, asıl canlılığını ve özerkliğini sürdürdüğünü kanıtlayan milyonlarca bireyden oluşur. Bilincimiz kendi Tanrılarını kaybettiğini düşünür yalnızca, gerçekte ise onlar hâlâ oradadır ve bilincin, onları tam kadro geri döndürmek için sadece belirli bir genel koşula ihtiyacı vardır. Bu koşul yeni bir yönelimin ve uyarlamanın gerekli olduğu bir durumdur. Eğer bu sorun ayan beyan anlaşılmaz ve ona düzgün bir yanıt verilmezse bu durumu açık eden arketip devreye girer ve daima o zamanların –bu durumda Wotan zamanının– özelliklerini niteleyen tepkiyi hayata döndürür. Sadece belli bireyler iyi tavsiyeyi dinleyip kabul edebildiğinden kimsenin, Wotan'ın tekrar burada olduğuna dair uyarıcı sesin ifade ettiği şeye kulak vermesi pek mümkün değildir. Bodoslama tuzağa düşmeyi tercih ederler.

Tanrılarımızı büyük ölçüde kaybetmiş olduğumuz için ve dinimizin mevcut hali dünyanın genel durumuna ve özellikle komünizmin "dini"ne etkili bir karşılık önermediği için bizler, örneğin 1920'lerin Nasyonel Sosyalist Almanyası öncesiyle aynı çıkmazdayız; daha ileri düzeyde fakat bu kez dünya çapında olan bir Wotanistik deneyim riskine maruz kalmaya meyilliyiz. Bu, zihinsel salgın ve savaş anlamına gelir. Kişi, bir arketipin bilinçsizce toplandığı ve bilinçli olarak anlaşılamadığı zamanın henüz farkında değildir, o kişi ***arketip tarafından ele geçirilir*** *ve onun ölümcül hedefine zorlanır. Sonra Wotan bizim davranışımızın temel kökenini temsil eder ve formülleştirir fakat bu, belli ki bizim sorunumuzu çözmez.*

Gerçek şu ki kadim bir Tanrı'nın, bizim davranışımızın baskın yönünü formülleştirip açığa vurması yeni bir dini tutumu, olağanüstü baskın karakterlere olan bağımlılığımızın yeni bir tasarımını bulmamız gerektiği anlamına gelir. İnsanoğlu için bunun, kaçınılmaz olarak bireyle başlamak zorunda olan yenilenmiş bir benlik anlayışı olmadan nasıl mümkün olabileceğini bilmiyorum. İnsanı diğer fiziksel hayvanlarla karşılaştırma ve ona yeni bir tanım verme olanaklarına sahibiz. İnsanı, onun varlığına nesnel bir ışık tutacak yeni bir ortamda görebiliriz, yani ona kendi "özgür iradesi" –diğer deyişle keyfi egoizmi ve sınırlı bilinci– yerine arketip kuvvetler tarafından idare edilen ve manevra yaptırılan bir varlık olarak bakabiliriz. İnsan, kendi evinde efendi olmadığını ve kaderinin asıl yöneticisi gibi görünen fiziksel dünyasının diğer yüzünü dikkatle incelemesi gerektiğini öğrenmelidir.

Bunun, yerine getirilmesi yüzyıllar isteyen salt bir "dindar arzu" olduğunu biliyorum, fakat her ebedi dönemde, İnsan'ın gerçek görevinin neden ibaret olduğunu anlayan ve de gelecek kuşaklar için, içgörünün daha derin ve daha genel bir seviyeye ulaştığı gelecekteki bir dönem için o geleneği koruyan en azından birkaç birey vardır. Başta birkaçının yolu değiştirilecektir, birkaç kuşak içerisinde ise daha fazlası olacaktır. Bugünkünde, hatta gelecek kuşakta bile genel zihnin dikkate değer bir değişime maruz kalması mümkün görünmüyor, çünkü bugünün insanı belirli bir açıdan kendine yabancı olduğunun pek de farkına varamaz. Böylesi bir içgörüde bulunabilen kim olursa olsun, o kişi ne kadar soyutlanmış olursa olsun, eşzamanlılık yasasının farkında olmalıdır. Eski bir Çin atasözünün dediği gibi: "Kendi evinde oturup doğru düşünceyi düşünen doğru adam yüz mil uzaktan duyulacaktır."

Ne propaganda ne de teşhirci itiraflar gereklidir. Eğer evrensel, yani her zaman ve her yerde kendiyle özdeş olan arketipin sadece tek bir yerde bile doğru dürüst üstesinden gelinirse o bundan bir bütün olarak, yani eşzamanlı biçimde ve her yerde etkilenir. Bu nedenle yaşlı simyacı öğrencilerinden birine şu teselliyi verirdi: "Ne kadar tecrit edilmiş olursan ol ve ne kadar yalnız hissedersen hisset, eğer işini doğru şekilde ve özenle yaparsan bilinmedik dostlar gelip sana başvuracaklardır."

Gerekli olan hiçbir şey asla kaybolmamıştır gibi geliyor bana, çünkü onun temeli hep bizimledir ve buradan hareketle yeniden üretilebilir ve gerekirse üretilecektir de. Ancak ve ancak gözlerini güncel düşüncelerin kör ışığından başka yöne çevirme ve gündelik sloganların gürültüsüne kulaklarını tıkama sanatını öğrenmiş olanlar onu iyileştirebilir.

Siz de Hollandalı filozof Multatuli[58] *de haklı olarak şunu diyorsunuz: "Hiçbir şey tam olarak doğru değildir." Buna şunu da eklemelisiniz: "Ve bu bile tamamen doğru değildir." Entelektüel kişi, mutlak Doğru olmadığının adamakıllı bir açıklamasını yapabilir. Bununla birlikte bir kişi parasını kaybederse o para kayıptır ve bu adeta mutlak bir Doğru'dur ki bu da o kişinin entelektüel derinlikle avutulamayacağı anlamına gelir. İnandırıcı Doğru diye bir şey var ama uğruna sezgisel kesinliğimizi*[59] *feda ettiğimiz ve bu yüzden –yeri gelmişken– Batılı siyaseti betimleyen bir aşağılık kompleksinden başka hiçbir şey kazanmadığımız kumarcı aklımız yüzünden onu gözden kaçırdık.*

---

58. Hollanda'nın en büyük yazarlarından biri kabul edilen Eduard Douwes Dekker'in takma adıdır. (ç.n.)

59. (*İng.* moral certainty): Türkçeye "ahlaki kesinlik" veya "sezilen kesinlik" karşılıklarıyla aktarılan bu kavram akla yatkın bir kuşkuya yer bırakmayacak derecede, sezgisel ve dolayısıyla öznel bir kesinliği anlatır. (ç.n.)

***Var olmak yapmaktır ve etmektir.** Fakat varlığımız yalnızca Ego'muzun isteğine bağlı olmadığından bizim yapıp etmemiz de büyük ölçüde bilinçdışının hâkimiyetine bağlıdır. Ben sadece Ego'mdan dolayı istekli değilim, aynı zamanda yaratıcı ve etkin olmak için de yaratılmışım. Sessiz olmak, sadece aşırı ya da huysuz derecede etkin olan biri için iyidir. Aksi halde gereksiz yere doğamızı engelleyen yapmacık bir beceridir. Büyürüz, çiçek açarız ve solarız; ölüm mutlak sükûnettir – ya da öyleymiş gibi görünür. Ancak çoğu şey, bizim yapıp ettiğimiz ya da diğer deyişle yaşadığımız ruha –örneğin anlam veya öneme– bağlıdır. Akıl her ne kadar kendi sonsuz başıboşluğunda ebediyete kadar "Ama, eğer..." sözleriyle devam etse de bu ruh, varlığımın bütünü için kuşkusuz ve mutlaka ikna edici olan, bununla birlikte bastırılmayıp tersine sizin Doğru'nuzu geliştirecek durumlar olarak karşılanması gereken bir Doğru'da kendini ifade eder veya belli eder.*

Doğu ve Batı'nın iki iyi temsilcisini seçmişsiniz. Krishnamurti tamamen akıldışı olandır, çözümleri sükûnete bırakır, diğer bir deyişle ona göre çözümler Tabiat Ana'nın bir parçası olarak kendi kendilerine vardır. Diğer yandan Toynbee yapmaya ve düşüncelere şekil vermeye inanır. İkisi de bireyin çiçeklenmesine ve gelişmesine yaşayan Tanrı'nın deneysel, kuşkucu ve şaşırtıcı bir işi olarak bakmaz – ki ona gözlerimizi, kulaklarımızı ve de seçici zihnimizi ödünç vermek zorundayızdır; bunlar onun uğruna milyonlarca yıl boyunca kuluçkaya yatırılıp yaklaşık 6 bin yıl öncesinden bu yana, yani bilincin tarihsel sürekliliğinin yazının icadı dolayısıyla görünür hale geldiği şu anda ışığa çıkarılmışlardır.

Antik Mısır'ınkine benzer bir Doğru'ya ya da benlik-anlayışına feci halde ihtiyaç duyuyoruz ki onu Taos Pueblo kabilesinde hâlâ capcanlı buldum. Törenlerinin reisi, yaşlı Ochwiay Biano (Dağ Gölü) bana şöyle demişti: "Biz dünyanın çatısında yaşayan halkız, biz babamız olan Güneş'in oğullarıyız. Günbegün onun doğmasına ve gökyüzünü boydan boya geçmesine yardım ederiz. Bunu sadece kendimiz için değil, aynı zamanda Amerikalılar için de yaparız. Bu nedenle onlar [Amerikalılar] bizim dinimize karışmamalılar. Fakat (misyonerleri aracılığıyla) böyle işler yapmaya devam edip bize ket vururlarsa o zaman on yıl içinde güneşin artık doğmayacağını göreceklerdir." Reis günlerinin, ışıklarının, bilinçlerinin ve anlamlarının Amerikan Akılcılığı'nın dar-görüşlülüğü yüzünden zarar gördüğünde öleceğini varsayıyordu haliyle; aynı şey, böyle bir yaklaşıma maruz kalırsa bütün dünyaya olacaktır. Bundan dolayı ulaşabildiğim en iyi doğruyu ve en parlak ışığı bulmaya çalıştım; en yüksek noktaya ulaştığımdan ve daha ötesine artık geçemediğimden ona hiç kimsenin nail olamayacağına, hatta onu kaybedersem bizzat kendim de fena halde ve umutsuzca yaralanacağıma inanmış halde kendi ışığımı ve hazinemi koruyorum. Bu sadece benim için değil, her şeyden önce kendi yaratımına ışık tutmak için İnsan'a ihtiyaç duyan yaratıcının karanlığı için de çok değerlidir. Tanrı kendi dünyasını öngörmüş olsaydı o dünya sadece anlamsız bir makine olurdu ve İnsan'ın varlığı da işe yaramaz bir heves olurdu. Aklım ikinci olasılığı gözümde canlandırabiliyor, fakat bütün varlığım buna hayır diyor.

Saygılarımla...

C.G. Jung

To H. Exc. the Ambassador Mr. Miguel Serrano,

Dear Sir,

Your letter of May 7th 1960 is so vast, that I don't know where to begin in answering it. The way towards a solution of ~~the~~ our contemporary problems I seem to propose is in reality the process I have been forced into as a modern individual confronted with the social, moral, ~~and~~ intellectual and religious insufficiencies of our time. I recognize the fact, that I can give only one answer, namely mine, which is certainly not valid universally, but may be sufficient for a restricted number of contemporary individuals. Inasmuch as my main tenet contains nothing more than: follow that will and that way which ~~your~~ experience confirms to be your own i.e. the true expression of your individuality. As nobody can become aware of his individuality unless he is closely and responsibly related to his fellow beings, he is not withdrawing to an egoistic desert, when he tries to find himself. He only can discover himself, when he is deeply and unconditionally related to some and generally related to a great many individuals, ~~from~~ with whthe Americans also. Therefore they should not interfere with our religion. But if they continue to do so (by missionaries) and hinder us, then they will see, that in ten years the Sun will rise no more."

He correctly assumes, that their day, their light, their consciousness and their meaning will die, when destroyed through the narrowmindedness of American Rationalism, and the same will happen to the whole world, when subjected to such treatment. That is the reason, why I tried to find the best truth and the clearest light I could attain to and since I have reached my highest point I can't transcend anymore, I am guarding my light and my treasure, convinced that nobody would gain and I myself would be badly even hopelessly injured, if I should loose it. It is most precious not only to me, but above all to the darkness of the creator, who needs man to illuminate his creation. If God had foreseen his world, it would be a mere, senseless machine and Man's existence a useless freak.

My intellect can envisage the latter possibility, but the whole of my being says "No" to it.

Sincerely yours
C.G. Jung

C. G. Jung'un yazar Miguel Serrano'ya yazdığı son mektubunun ilk ve son sayfaları.

Yeni Bir Karşılaşma

23 Ocak 1961'de Dr. Jung'u görmeye tekrar gittim ve onunla kitapları ve sanat eserleriyle çevrili çalışma odasında sohbet ettim. Daha önceki görüşmemizde olduğu gibi elinde bir pipo vardı. "Bu, bir İsviçre icadı. Su kuyusu borusuna eşit" dedi.

"Daha çok bir nargile gibi" dedim. Jung gülümsedi, sonra ona Hindistan'dan ayrılacağımı söyledim. "*I Ching*'e danıştım ve bana öyle yapmamı tavsiye etti" diye de ekledim.

"Ne söylüyorsa onu yapmalısın" deyip şöyle devam etti: "Çünkü o kitap hata yapmaz. Her durumda bireysel psişe ile dünya arasında belirli bir bağlantı vardır. Bir hastayı sınıflandırmakta güçlük çektiğimde onu her zaman bir yıldız haritası çıkarttırmaya gönderirim. Bu harita onun karakteriyle örtüşür, o haritayı psikolojik olarak yorumlarım. Dünya ile psişe arasındaki örtüşme o kadar güçlüdür ki üçboyutlu zamanın icatları ve tasarılarının, zihinsel yapının düpedüz yansımaları olması bile mümkündür. Bu nedenle yaşanan son savaşı hastalarımın rüyalarını çözümleyerek tahmin edebildim çünkü Wotan her zaman rüyalarda görünürdü. Ama Birinci Dünya Savaşı'nı öngöremedim çünkü bana malum olmasına rağmen o günlerde rüyaları çözümlemiyordum. Yine de kasvetli hastalık ya da ölümü tahmin eden kırk bir rüya çözümledim."

Dr. Jung konuşurken gözlerim onun üzerindeydi. Her zamanki gibi canlı ve enerji doluydu; bakışları aynı anda hem nüktedan hem de keskindi. Parmağındaki taşlı yüzük yine dikkatimi çekti. Önemli bir noktayı ifade ederken vurgu için öne doğru eğilir, sonra da rahatlayıp sandalyede arkasına yaslanırdı, böylece bedeninin hareketi tıpkı bir sarkacınkine benziyordu.

Hindistan'da geçirdiğim zamanın çoğu, Samkhya filozoflarının *Linga-Sarira* dedikleri –ya da teosofistlerin Astral Beden olarak adlandırdıkları– şeyin varlığını incelemeye çalışmakla geçti. Dr. Jung'a yazdığım bir mektupta bu deneyimlerden bahsetmiş ve rüyalarımda kendi imgelerini yaratabilen içimdeki ayrı bir bedenin varlığını hissettiğimi söylemiştim. Aldous Huxley Delhi'ye geldiğinde bundan ona da bahsetmiştim. Huxley, D. H. Lawrence'ın ölümü sırasında onun yanında olduğunu anlattı ve o anın olağanüstü bir deneyim olduğunu söyledi. Lawrence ona kendisinin, bedeninden ayrılıp sanki odanın bir köşesinde durup yatakta yatmakta olan bedenine bakıyormuş gibi hissedebildiğini anlatmış. Bu türden tuhaf deneyimleri Dalai Lama'ya da anlatmıştım. Bir keresinde ona Astral Beden'in gönüllü bir kopuşunun mümkün olup olmadığına inanıp inanmadığını da sordum ve Dalai Lama bana şöyle dedi: "Evet, mümkündür – meditasyon sırasında. Metinler bu süreçte üç evre tanımlar: Birincisi benliğe nesnel yoğunlaşmadır; ikincisi zihnin, benliği algılıyorken aynı anda hem onun bir parçası olduğu hem de olmadığı an gerçekleşen kısmi çözülmedir; üçüncüsü de bireyin artık benliğin bir parçası olmadığı, daha ziyade onun içinden geçtiği –ki bu da aynı anlama gelir– durumdur..."

Dr. Jung'a bu sohbetlerden bahsettim, o da dedi ki: "Bu deneyimlerin hepsi özneldir ve kolektif olarak doğrulanabilir değildir. Belki insan onları Kolektif Bilinçdışı'na yorabilir. Bununla birlikte *Linga-Sarira* ihtimalini bir varsayım olarak yadsımak yanlış olurdu. Çünkü belirli uzaklıktaki nesneleri hareket ettiren medyumlar gördüm."

Sonra Dr. Jung'a Gustav Meyrink'i tanıyıp tanımadığını sordum. "Kitaplarında aşırı ilginç şeyler tarif ediyor" dedi. "Onunla hiç tanışmadım ama onun kitaplarını okudum ve bu eserlerin önemli olduklarını düşünüyorum. *Yeşil Yüz*'de (*Das Grüne Gesicht*) derin hakikatler var."

"Yıllar önce yaşadığım bir deneyimden size bahsetmek istiyorum" dedim. "Çok küçük bir çocukken geceleri bölündüğümü ya da kendimden ayrıldığımı hissederdim. Bu hisler daima ayak tabanlarımdan başlayan ve bedenim boyunca ortaya çıkan titremeleri takip ederdi. Bu titremeler yoğunluk bakımından değişirdi fakat sonunda öyle güçlü hale gelirlerdi ki öleceğimden korkardım. Bir keresinde özellikle titremenin adeta dayanılmaz hale geldiği zamanı hatırlıyorum, sonra birdenbire tam önümde geniş bir kâse belirdi. Sanki öyle yapmam emredilmiş gibi, ellerimi kâsenin içine soktum ve sonra içindeki garip sıvı bedenimin dört bir yanına yayıldı. Titremeler anında son buldu. Tüm bunlar katiyen rüya gibi olmayan bir halde meydana geldi, tümüyle gerçekti – sıradan algınınkinden çok çok yüksek olan bir gerçeklik düzlemindeydi sahiden. Ama tabiri caizse, kendi bedenime dönüp yatakta uzandığımı fark ettiğimde o gerçeklik düzeyini sürdüremedim. Yıllarca aynı olguyu isteyerek üretmeye çalıştım."

Dr. Jung ise şöyle karşılık verdi: "Dediğim gibi, bunların hepsi öznel deneyimlerdir ve kolektif olarak doğrulanabilir değillerdir. Titremeler olarak adlandırdığınız şey sadece rüyalar olmuş olabilir ya da en fazla Kolektif Bilinçdışı'nın kendini gösteren belirtileridir."

Jung'un yanıtı beni hayal kırıklığına uğrattı. Bu gizemlere nüfuz edemiyor gibiydi ve ne üzücü ki bir an için onun, tüm yaptığının eski hakikatleri açıklamak için yeni bir terminoloji yaratmak olduğunu hissettim. Benzer şekilde, yaşadığım olgu hakkında kendi fikirlerini destekleyen metinlerden alıntı yaparak kadim dogmaya yaslanmak dışında hiçbir açıklama yapmamış olan Dalai Lama'da da hayal kırıklığına uğramıştım. Belki bir cemaatin başı olarak ve emrindeki görevlilerin gözü önünde kendini aşmaktan korkmuştu. Örgütlü bir dini öğreti topluluğunun –veya bir bilimsel psikoloji ekolünün– sorumlu kişisi olmak daima ağır bir görevdir.

İşte o zaman, kendi kişisel –Jung'a göre yalnızca öznel– deneyimlerim için bir yardım ya da açıklama asla bulamayacağımı fark ettim ve bir tek kendi sezgilerime güvenmek zorunda kalacağımı anladım. Jung'un bizzat yaptığı gibi, "ustura ağzında" tek başına yürümek zorunda kalacaktım.

Jung "Tüm bunları hastam olmayan biriyle konuşmak çok memnun edici" dedi.

"Hermann Hesse'yi de görmeye geldim" dedim. "Onunla Yoga hakkında birçok kez konuştuk. Hesse, doğru yolun basit bir biçimde Doğa'yla uyum içerisindeki yol olduğuna inanıyor."

"Bu benim de felsefemdir" dedi Jung. "İnsan kendi doğasına göre yaşamalı; kendini tanımaya yoğunlaşmalı ve sonra kendi hakkındaki hakikate göre yaşamalı. Bir vejetaryen olan kaplan hakkında ne derdiniz? Elbette onun kötü bir kaplan olduğunu söylerdiniz. Dolayısıyla herkes hem bireysel hem de kolektif açıdan kendi doğasına uygun şekilde yaşamalı. Bu yöntemin en iyi örneği Hindistan'da bulunur, en kötüsü de sanırım Rusya'da. Rusya fevkalade bir örgütlenmeye sahip bir ülke fakat bu, tarımsal hatalarında açıkça görüldüğü gibi, o kadar da işe yaramıyor. Ruslar insanın gerçekte ne olduğunu keşfetmeye zahmet etmediler, ona düpedüz bütünüyle akılcı ve mekanik bir varlık olarak davranmaya çalıştılar. Açıkçası Ruslar için gerekli olan şey, tarımla ilgili bir teori geliştirmek yerine insanla ilgili bir teori geliştirmek ve bu teoriyi ya da anlayışı uygulamak. Bir defasında nezaketin en hassas kurallarına göre hayatını idare eden, çok kibar ve soylu olan yaşlı bir leydi tanıdım, fakat bu hanım geceleyin sarhoşluk hakkında rüyalar görürdü ve bu rüyalarda bizzat kendisi aşırı sarhoş olurdu. Dolayısıyla insan ne ise o olmalı; kendi öz bireyselliğini, bilinç ile bilinçdışı arasında ikisine de eşit mesafede duran, kişiliğin o merkezini keşfetmeli; doğanın bizi yönlendiriyor gibi göründüğü o ideal noktayı hedeflemeliyiz. İnsan kendi ihtiyaçlarını ancak o noktadan tatmin edebilir."

Ardından Dr. Jung sustu, bu kez ben konuşmaya başladım: "Hintliler, insanın kendi *dharma*'sı[60] içinde kısmi tamamlanma yaşamasının yabancı bir *dharma* içinde kusursuz şekilde yer almasından daha iyi olduğunu söylerken aynı şeyden bahsediyor gibiler."

"Kesinlikle!"

"Profesör Jung, sizin sisteminizin Batı'nın dışında, yani psişenin bu kadar bölünmediği bir yerde işleyebileceğine inanıyor musunuz?" diye sorarak konuşmaya devam ettim: "Örneğin, Hindistan'da sinir hastaları yok, bildiğim kadarıyla Burma'da ya da Endonezya, Tayland veya Çin'de hiç yok. Sanırım bunun nedeni, bu ülkelerin sakinlerinin Batılı Hıristiyan'ın olduğu anlamda 'birey' olmamaları. Locarno'da ilk konuştuğumuzda dediğiniz gibi, *persona* sonuçta oluşan tüm baskılamaları ve dizginlenemez dürtüleriyle beraber barbar bir İskandinav toplumuna Hıristiyanlığın birdenbire dayatılmasının ürünüdür."

Jung sessizce ve dalgın dalgın "Evet" diyerek şöyle devam etti: "Ve Doğu'nun, esas olarak kişilik fikrini yok etmeyi amaçlayan Komünizm gibi kolektif sistemleri ve Budizm gibi dini sistemleri bu kadar kolay kabul edebilmesine neden olan tam da bu kişilik eksikliği sanırım."

Daha önce olduğu gibi zaman hızla geçmişti ve fark etmemiştik. Ama dışarıda akşamüstü gölgelerinin düştüğünü pencereden görebiliyordum ve onu yormaktan çekindim. Yine de yanından ayrılmadan önce ona bir şey daha söylemek istedim: "Kısa bir süre önce, Hesse'yle öğle yemeği yerken ona kendimi onun

60. (*Sans.*) "Hayatın amacı" anlamına gelmekle birlikte mistisizmde "evrenin düzeni ve ruhsal gelişimi sağlayan kozmik yasa" gibi birden fazla anlama da gelmektedir. (ç.n.)

masasında bulma şerefine nasıl eriştiğim hakkında fikrini sordum; bana bunun sırf bir tesadüf olmadığını çünkü sadece doğru misafirlerin oraya geldiğini söyledi. Hermetik Çember'den söz etti."

Jung hafifçe gülümsedi ve dedi ki: "Bu doğru, zihin zihni etkiler. Ancak doğru olanlar gelirler ve bizler Bilinçdışı tarafından yönetiliriz, çünkü Bilinçdışı bilir."

Fakat onu dinlerken merak etmeye başladım. Jung'un bu kadar tanıyormuşçasına bahsettiği Bilinçdışı tam olarak nedir? Meyrink şöyle derdi: "Eğer Tanrı'nın Annesi Bilinçdışı'ndaysa o zaman Bilinçdışı, Tanrı'nın Annesi'dir..."

Ama Jung konuşmaya devam etti: "Bir keresinde bir trendeydim ve yanıma bir general oturdu. Sohbet ettik ve kim olduğumu bilmemesine rağmen bana onun pozisyonundaki bir adam için kesinlikle alışılmadık olan tüm rüyalarını anlattı. General rüyalarının saçma olduğunu düşünüyordu fakat onu dinledikten sonra kendisine rüyalarından birinin onun bütün hayatını değiştirmiş olduğunu, aksi takdirde şimdiye bir entelektüel olacağını söyledim. General şaşkındı ve bana sanki bir cadıymışım ya da en azından doğuştan ikinci görüsü olan biriymişim gibi baktı. Ama gerçekte bu, bilen ve yöneten Bilinçdışı'ydı. General benim yanıma oturmuştu çünkü bilinçsizce bir cevap arıyordu." Gülümseyen Jung'un gözlerine belli belirsiz bir ışık geldi. "Aynı şekilde, size kendi hayatınız hakkında sizi şaşırtacak şeyler de söyleyebilirim..."

Ardından Jung öne doğru eğilip hareketsizce gözlerimin içine baktı. Akşamüstünün gölgelerinde bedeni daha da büyüyor gibi görünüyordu ve Abraxas'ın cisimleşmiş bir haline bakıyor gibi hissettim. Aniden ürperdim, sonra bu güçlü varlıktan çıkan uzak sesler işitir gibi oldum, bu sesler çağlardan bugüne gelen yankılar gibi ikimizin etrafında fırıl fırıl dönüyordu.

Ölünün Yedi Vaazı[61]

Jung 1925'te sınırlı sayıda basılmak üzere garip bir kitap yayımladı. Bu kitap imzasızdı ve ancak ölümünden kısa bir süre sonra, anılarının basılmasıyla birlikte, kitabın yazarı olduğu resmen tanındı. Belli ki kendiliğinden bir yazımdı, sanki "öteki dünyadan" ya da –onun diyeceği gibi– Kolektif Bilinçdışı'ndan dikte edilmiş gibi yazılmıştı. Jung'a onu dikte eden "kişi", bir tür Üstat ya da Bilge Adam olan bir arketipti. Bu Ruhun Arketipi'yle ilk karşılaşmadan sonra Jung, ilişkinin gerginliği ve ıstırabı altında yaşadı. Bu garip sesleri dinlememek için mücadele etti fakat aynı zamanda onlara teslim oldu.

Jung, önünde belirip kendi ruhunun derinliklerinde yatan sırları açık eden bu kadim bilgeye Filemon'un[62] adını verdi. En sonunda da onu tasvir edebildi; o, Jung'un o zamanlar kaleme aldığı, az çok bir günlüğe benzeyen *Kırmızı Kitap*'ta[63] siluet halinde görünür. Bu sayede Filemon Antik Günler'e, Şafağın Yürüyüşçüsü'ne, Üstat'a ve de zamanın ve boyutun ötesinden konuşan Guru'ya denk hale geldi.

Hindistan'da, gerçekten Şili'deki gibi, düzenlerini ve bütün ahlaki yapılarını başka dünyada yaşayan varlıklardan aldıklarını söyleyen başka adamlarla karşılaştım. Bu doğaüstü varlıklar, Jung'un çizdiği Filemon'un siluetiyle aynı şekilde çizilmiş olsalar da asla dünyevi biçime bürünmezler.

Jung, kendine Filemon tarafından dikte edilmiş, özgün ismi Latincede *VII Sermons Ad Mortuos* olan bu garip kitabı

---

61. Bu gizemli kitap, "Ölülere Yedi Vaaz" olarak Türkçeye çevrilmiştir. *Bkz.* Stephan A. Hoeller, *Bilinmeyen Jung*, çev. Sezer Soner, Ege Meta Yayınları, 2004 içinde. (ç.n.)
62. Filemon ve Baukis, Yunan ve Roma mitolojisinde anlatılan bir öykünün kahramanlarıdır. Evli ve yaşlı, yoksul bir karı kocadırlar. Evlerinde Zeus'u ve Hermes'i misafir ettikleri hikâyeleriyle ünlüdürler. (ç.n.)
63. *Kırmızı Kitap*, çev. Okhan Gündüz, Kaknüs Yayınları, 2015.

nasıl yazmaya başladığını bize anlatır. Bununla birlikte kitap basıldığında onu "Doğu'nun Batı'ya *dokunduğu* Şehir" olan İskenderiye'nin bir Agnostiği olan Basilides'e dayandırdı.

Bu kitap yazılmaya başlamadan önce çok olağanüstü şeyler meydana geldi. Jung'un evi seslerle doldu, evin havası gergindi ve odalar görünmez varlıklarla dolu gibiydi. Hem Jung hem de oğulları tuhaf rüyalar gördüler ve kişileşmiş Kader gibi bir şeyin günlük hayatlarına girip onları gözetlediğini hissettiler. Bütün bu deneyimler kitabın bitirildiği an sona erdi.

Kitabın kendisi biraz kafa karıştırıcı olan antik bir yazı biçiminde yazılmıştır fakat bu, Arketip'in numen etkisinden ötürü muhtemelen kaçınılmazdı. Birçok Jung taraftarı bu kitabın dolaşımına karşı çıkar çünkü bunun, yazarının bilimsel saygınlığına zarar vereceğinden korkarlar ve de Jung'u eleştirenlerin birçoğu tarafından onun sadece bir mistik olduğu yönündeki ithamı pekiştirirler. Fakat Jung anılarında zaten o kitabı kabul eder. Kitabın Almanca baskısında *The Seven Sermons of the Dead*, kendi bütünlüğü içinde yeniden üretilmiştir, ama İngilizce çevirisinde bir şekilde ayıklanmıştır.

Jung'un ölümünden sonraki bir tarihe denk gelen, onu Londra'da bulduğum zamana kadar *Sermons*'la bizzat karşılaşmadım. Bulduğum baskı, 1925 tarihli İngilizce özel baskısıydı. Bu sıra dışı kitapta, Jung Abraxas'tan aşağıdaki şekilde bahsediyordu:

> *Bir tanrı var sizin bilmediğiniz, çünkü insan soyu unuttu onu. Biz ona ABRAXAS dedik. O ki tanrı ve şeytandan daha belirsiz hâlâ... Abraxas etkidir. Etkisiz olan dışında hiçbir şey ona karşı durmaz; bu sebeple onun etkili doğası serbestçe kendini açığa çıkarır. Etkisiz olan var değildir, o halde direnmez.*

Abraxas durur güneşin üstünde ve şeytanın üstünde. O olasılıksız olasılık, gerçek olmayan gerçektir. Pleroma[64] *bir varlık olsa, Abraxas onun tezahürü olurdu. O kendinde (öz varlığınca) etkilidir, belirli bir etki değil ama bilumum etkidir.*

O, gerçek olmayan gerçekliktir, çünkü belirli bir etkiye sahip değildir.

O da varlıktır, çünkü Pleroma'dan ayrıdır.

Güneş belirli bir etkiye sahiptir, şeytan da öyledir. Ne sebepten onlar, belirsiz Abraxas'tan daha etkili görünür.

O, kuvvet, süreklilik, değişimdir...

Abraxas'ın ilahını tanımak zordur. Onun gücü en büyüktür çünkü insan onu algılamaz. İnsan güneşten ***summum bonum****'u*[65] *çeker, şeytandansa* ***infinum malum****'u:*[66] *Fakat Abraxas'tan HAYAT'ı çeker, topyekûn belirsiz, iyinin ve kötünün anasını.*

Daha küçük ve daha zayıf görünür hayat ***summum bonum****'dan; ne sebepten Abraxas hayatın tüm kuvvetinin ısı kaynağı olan güneşten bile güç bakımından üstündür.*

Abraxas güneştir ve de aynı zamanda boşluğun sonsuza kadar emici oburudur, küçültücü ve parçalayıcı şeytandır.

Abraxas'ın gücü iki yönlüdür, ama siz onu görmezsiniz, çünkü sizin gözleriniz için bu gücün çatışan uçları söndürülmüştür.

Tanrı-güneşin söylediği şey hayattır.

---

64. Agnostiklere göre başlangıçtaki ilk tanrısal bütünlüktür; var olan düşünülebilen ya da düşünülemeyen her şey, "Baba Tanrı" olarak da nitelenen bu ilksel bütünlüktür. (ç.n.)

65. (*Lat.*) En yüksek iyi. (ç.n.)

66. (*Lat.*) Sonsuz kötülük. (ç.n.)

Şeytanın söylediği şey ölümdür.

Oysa ki Abraxas, aynı anda hem hayat hem ölüm olan o kutsanmış ve lanetlenmiş sözü söyler.

Abraxas sebep olan babadır hakikate ve yalana, iyiye ve kötüye, ışığa ve karanlığa, aynı sözcükte ve aynı eylemde. Ne sebepten Abraxas korkunçtur.

O, avını devirdiği andaki aslan gibi görkemlidir.

O, baharın bir günü gibi güzeldir.

O, yüce Pan'ın kendisi ve de küçük olanıdır.

O, Priapos'tur.

O, yeraltı dünyasının canavarıdır, binlerce kollu bir ahtapot, kanatlı yılanların sarmal düğümü, coşkunluktur.

O, en erken başlangıcın erdişisidir.

O, suda yaşayan ve karaya çıkan, öğleyin ve geceleyin topluca sesleri yükselen kara kurbağalarının ve su kurbağalarının efendisidir.

O, boşlukla birlikte birliği arayan bolluktur.

O, kutsal babadır.

O, aşktır ve aşkın katlidir.

O, aziz ve haindir.

O, günün en parlak ışığı ve cinnetin en koyu gecesidir.

Ona bakmak körlüktür.

Onu tanımak hastalıktır.

Ona tapmak ölümdür.

Ondan korkmak bilgeliktir.

Ona direnmemek kefarettir.

Tanrı güneşin ardında yaşar, şeytansa gecenin ardında. Tanrı'nın ışıktan doğurduğunu şeytan gecenin içine çeker.

Fakat Abraxas dünyadır, onun başlangıcı ve ölümüdür. Tanrı-güneşten gelen her armağanın üstüne şeytan kendi lanetini yayar.

Sizin Tanrı-güneşten dilediğiniz her şey şeytanın bir eylemine sebep olur.

Sizin Tanrı-güneşle yarattığınız her şey şeytana etkili güç verir.

İşte bu, korkunç Abraxas'tır.

O, en kudretli varlıktır, onun içindeki varlık kendinden korkar.

O, Pleroma için varlığın görünen karşıtıdır ve onun hiçliğidir.

O, annenin oğlunun dehşetidir.

O, annenin oğul için duyduğu aşktır.

O, dünyanın hazzı ve cennetin zulmüdür.

Onun onayından önce insan taştır.

Ondan önce ne soru ne yanıt vardır.

O, varlığın hayatıdır.

O, açıklığın işleyişidir.

O, insanın aşkıdır.

O, insanın konuşmasıdır.

O, insanın görünümü ve gölgesidir.

O, aldatıcı gerçekliktir.

Veda

10 Mayıs 1961 Çarşamba günü Jung'u bir kez daha görmeyi denedim. Bunu yapmaya beni zorlayan garip bir dürtü hissettim ve zamanın geçip gitmesine izin vermekten korkuyordum. Jung, benim bu son ziyaretimden sadece yirmi yedi gün sonra vefat etti ve bu yüzden sanıyorum ki onu gören ya da onunla önemli bir konuşma yapan, ülke dışından gelmiş son arkadaşıydım.

Son ana kadar onu görüp göremeyeceğimi bilemiyordum. Bayan Ruth Bailey, telefonda görüşüp birlikte çay içebileceğimizi ama Jung'un ciddi derecede hasta ve yatıyor olduğunu söyledi. Ne olursa olsun, öğleden sonra Küsnacht'a doğru yola çıktım ve Bayan Bailey'le buluştum. Zemin kattaki küçük bir misafir odasında oturduk ve sonra ona evin bir kısmını görüp göremeyeceğimi sordum. Bana Rönesans resimleri ve antik mobilyalarla kaplı yemek odasını gösterdi, sonra oturma odasına geçtik ve oturduk. Bayan Bailey sıra dışı bir kadındır: Jung'a Afrika'ya seyahati sırasında eşlik etmişti ve ömrünün son yıllarında ona bakıyordu. Kıvrak bir zekâya ve ilginç bir yüze sahipti, her ne kadar yüzü o zamanlar endişeyle gölgelenmiş olsa da bu yüz belirli bir zarafetle pekiştirilmişti. Bana Mahatma Gandi'nin İngiliz öğrencisi Miraben'i düşündürttü, hayatının sonuna kadar onun yanında kalmıştı. Ondan sonra da Miraben, Gandi'siz Hindistan'a katlanamayacağına karar vererek Yunanistan'a yerleşti. Görünen o ki Bayan Bailey de Jung'un ölümünden sonra İsviçre'yi terk etti ve artık İngiltere'de yaşayıp muhtaç anneler için sosyal hizmet yardımında bulunuyor. Hürmet ettikleri figürler olmadan tek başlarına devam etmek zorunda kalan bu iki kadının kaderlerinin üzücü bir yanı var.

Tam da bir İngiliz ritüeli olan çaylarımızı içerken Bayan Bailey, Jung'un sağlığının o sabah kayda değer biçimde iyiye gittiğini ve Jung'un çay saatimizden sonra beni görmek istemesi nedeniyle ne kadar şanslı olduğumu söyledi. Bu süre içerisinde sessiz sessiz, düşüne taşına ölümden bahsetti. "C.G., onu yeryüzünde tuttuğum için beni suçluyor" dedi. "O, göçüp gitmek istediğini ama benim ona engel olduğumu söylüyor. Yine de sanırım hâlâ yaşamak istiyor ve onun bu iğneleyici espri anlayışı, elbette onun yaşama gücünün bir göstergesi."

Bayan Bailey'e "Ölümden sonra herhangi bir varoluş olduğuna inanır mısınız?" diye sordum.

"Elbette" diye yanıtladı. Eliyle ışığın düğmesini kapatıyormuş gibi bir hareket yaparak "Jung'un varlığının tıpkı bunun gibi sona erdiğini tasavvur edemem..." dedi. "Dahası ölümden sonraki yaşamın olasılığının psikolojik kanıtları var. Bilinçdışı bir süreklilik anlamını ve ölüm eşiğinin ötesinde yaşamanın anlamını kapsıyor. Sanki Bilinçdışı ölümü adeta umursamıyormuş ve ondan korkmuyormuş gibidir. Jung bana ölümle ilgili rüyalar gördüğünü ve görüntülerin ilginç bir biçimde tanıdık olduğunu anlattı."

Bayan Bailey bir an için ara verdi, sonra konuşmaya şöyle devam etti:

"Biliyorsunuz, Jung bir Amerikalı yayıncı için hazırladığı 'İnsan ve Sembolleri' adlı bir makaleyi yazmak için son günlerde çok meşguldü. Fakat bu makale onu yordu. Tamamen elle yazıyor ve şimdiden seksen sayfayı tamamladı; doğrudan İngilizce yazıyor çünkü Almancanın sözdiziminin kastettiği anlamı karıştırabileceğinden korkuyor, İngilizcede daha açık olacağını umuyor."[67]

---

67. Bu makale planlandığı şekilde Amerika Birleşik Devletleri'nde yayımlanmadı, çünkü aşırı üstü kapalı ve zor olduğu düşünüldü – bu, yazarın tam da kaçınmak istediği şeydi.

Bayan Bailey, bana bir fincan çay daha verirken Elsy Bodmer ve Ninon Hesse'nin söylemiş olduğu aynı sözü söyledi: "Bence siz ve Jung arasında derin bir ilişki var. Sizi gördüğünde daima çok neşeli oluyor ve bugün sizin gelişinizi dört gözle bekledi."

Bir an sessiz kaldı, sonra bana Bollingen Kulesi'ni bilip bilmediğimi sordu. Bu kule, Bollingen denen bir yerin yakınında, kırsaldaki bir gölün yanına Jung tarafından inşa edilmişti. Jung onu ani bir istekle inşa etmişti ve yapılışını onun rüyaları belirledi. Kule Jung'un, Benlik fikrini taşta dile getirme çabasıydı. Bu nedenle kule onun bütün psikolojik sistemini temsil eder. İlk yıllarda Jung sık sık haftalarca orada kaldı. Küçük bir sandal edinip gölü geçmek için onu kullanırdı. Kendi yemeği için ateş yakardı ki bunu bizzat kendi yapardı ve hiç elektrik kullanmazdı. Kulesinin taş duvarlarına Agnostiklerin ve Mısırlı simyacıların cümlelerini oymuştu; ayrıca mandalalar ve diğer büyülü simgeler çizmişti. Bayan Bailey'e onu hiç görmediğimi söyledim.

"Çok ilginç" dedi. "Orayı ziyaret etmelisiniz. Jung'un orada birkaç ayin yapmasına yardımcı oldum. Sabahleyin küçük mutfağına girdiğinde mutfak alet edevatının her birini selamlardı – sos tavaları, tencereler ve kızartma tavaları. Benim de böyle yapmam gerektiğini söylerdi. 'Anlarlar ve buna değer verirler' derdi. Jung her zaman aynı kızartma tavasını ve tencereleri kullanırdı çünkü onlar onun arkadaşıydı ve onları yalnızlığında sohbet edebileceği eski eş dost olarak görürdü. Jung için her şey kendi yaşamlarıyla veya onlara aktardığı yaşamla hayat bulur."

Çay bitti, Bayan Bailey Jung'u görmeye çıkmamı söyledi. Görüşmeyi kısa tutmamı rica etti çünkü onu yormaktan korkuyordu. Dolayısıyla onun odasına çıkan merdivenleri son kez çıktım. Bayan Bailey sahanlıkta benden ayrıldı ve tek başıma içeri girdim.

Jung, önceki görüşmemizde olduğu gibi pencerenin yanına oturmuştu. Bununla birlikte o gün Japon işi bir tören cüppesi giymişti, böylece akşamüstü ışığında bir büyücü ya da kadim bir tarikat rahibine benziyordu. Odaya girdiğimde Jung sandalyesinden ayağa kalkmaya çalıştı ama koşup onu durdurdum. O vakit Doğu'dan onun için getirdiğim küçük hediyeyi ona verdim – Keşmir'den getirdiğim turkuvaz bir kutuydu, Montagnola'da Hermann Hesse'ye verdiğimin benzeriydi. Onu ihtiyar elleri arasına aldı ve ona bakıp dokunurken şöyle dedi: "Keşmir'den turkuvaz. Oraya hiç gitmedim; sadece Bengal ile Hindistan'ın kuzeydoğusunu ve de güneyde Madura'yı gördüm. Bu güzel hediye için teşekkür ederim."

Ona Hermann Hesse'yi yeni ziyaret ettiğimi ve Hesse'yle ölüm hakkında konuştuğumuzu anlattım. Ölümden öte bir şey varsa bunun önemli olup olmadığı hakkında Hesse'ye fikrini sorduğumu söyledim. Hesse, bunun hakkında düşünmediğini, ölümün muhtemelen Kolektif Bilinçdışı'na girmek gibi –belki onun içine düşmek gibi– bir şey olduğu görüşünde olduğunu söylemişti.

"Sorunuz kötü biçimde sorulmuş" diye yanıt verdi Jung. "Şu şekilde ifade edilse daha iyi olurdu: Ölümden sonra hayat olduğuna inanmak için herhangi bir neden var mı?"

"Var mı?" diye sordum.

"Zihin için beynin uç noktalarında çalışmak mümkün olsa bozulmazdı."

"Bu, mümkün bir şey midir?"

"Parapsikolojik olgular öyle olduğunu söyler" dedi. "Bunu işaret eden belirli şeyleri bizzat ben de deneyimledim; ağır hastaydım, neredeyse komadaydım. Herkes benim korkunç acı çektiğimi düşünüyordu fakat aslında son derece keyifli bir şey yaşıyordum. Bedenimin üzerinde, onun çok üstünde süzülüyor gibiydim. O zamanlar, babamın ölümünden sonra, onu defalarca gördüm. Tabii ki bu, onun gerçekten göründüğü anlamına gelmez. Onun görünüşleri benden kaynaklanan öznel görüngüler olabilir."

"Ama tüm bu şeylerin aslında dışsal ve nesnel olması mümkün değil midir? Salt zihinde meydana gelen bir şey midir?" diye sordum. "Hesse Kolektif Bilinçdışı'ndan sanki dışsal olarak var olan bir şeymiş gibi bahsediyor ve ölümün sadece o durumun *içine düşme* olabileceğini düşünüyor" dedim.

Jung anlatmaya başladı: "Savaş sırasında, cerebral korteksinin (beyin kabuğunun) işlevlerini felce uğratan beyin yaraları almış adamlar gördüm, bu durum onların zamanı ve uzamı anlamalarını engelliyordu. Yine de hâlâ rüya görebiliyorlardı ve onlardan birkaçı önemli görünümlere sahipti. Şimdi, eğer beyin tümüyle felce uğramışsa soru şu ki hangi organ rüya üretir? Bir adamın bedeninin hangi kısmı rüya görür? Bu, fiziksel bir şey midir? Yoksa bu, zihnin aslında beyinden bağımsız olarak işlediğini gösteren bir şey midir? Bilmiyorum, ama bu ilginç bir varsayım."

Jung biraz ara verip sonra yine kaldığı yerden konuşmaya devam etti: "Bu varsayımı destekleyebilen başka olgular var" dedi. "Bilirsiniz elbet, küçük bir çocuk Ego'nun anlamını açık seçik tanımlamaz. Çocuğun egosu bedeni boyunca baştan başa yayılmış ve dağınıktır. Bununla birlikte küçük çocukların, tıpkı yetişkin insanlarda olduğu gibi, Ego'nun apaçık tanımlandığı rüyalar gördüğü kanıtlandı. Bu rüyalarda çocuk berrak bir *persona* algısına sahiptir. Psikolojik bir bakış açısından bakacak olursak, şayet çocuğun hiç Ego'su yoksa çocukta bu rüyaları – diyebilirim ki hayatının geri kalanı boyunca onu etkileyebilen rüyaları– üreten şey nedir? Başka bir soru da şudur: Eğer fiziksel Ego ölümde ortadan kaybolursa o diğer Ego da –hani şu, çocukken ona rüyalar gönderen diğer Ego da– kaybolur mu?"

Onu dinlerken Jung'un zihninin kılı kırk yaran fevkalade titizliğinden bir kez daha çarpıldım. Tam da ölümün eşiğindeyken hâlâ araştırıyor ve inanmayı umuyordu; fakat onun bilimsel nesnelliği kanıtlanabilir deneyimlerle örtüşecek tek bir sözcüğü telaffuz etmekten onu alıkoyuyordu.

Jung konuşmaya devam etti: "Bugün kimse sözcüklerin ardında yatanlara, orada olan temel düşüncelere dikkat etmiyor. Oysa düşünce, hakikaten oradaki tek şeydir. Çalışmalarımda yaptığım şey sadece o düşüncelere, o gerçekliklere yeni adlar vermektir. Örneğin 'Bilinçdışı' sözcüğünü düşünün. Çinli bir Zen Budist tarafından yazılmış bir kitabı okumayı yeni bitirdim. Bana aynı şeyden bahsediyormuşuz gibi geldi, sanki aramızdaki tek fark aynı gerçekliğe farklı sözcükler vermekti. Dolayısıyla Bilinçdışı sözcüğünü kullanmak önemli değildir; önemli olan sözcüğün ardında yatan düşüncedir."

Jung'un oturduğu sandalyenin yanındaki ufak sehpanın üzerinde Teilhard Chardin tarafından yazılmış, *The Human Phenomenon* adlı bir kitap duruyordu. Jung'a onu okuyup okumadığını sordum.

"Harika bir kitap" dedi. Yüzü solgundu ama içsel bir ışıkla tuhaf biçimde aydınlanmış görünüyordu. Doğu işi cüppenin geniş kollarından dışarı çıkan elleri bu kez boğum boğum ve kırılgandı. Parmağındaki Agnostik yüzük yine dikkatimi çekti ve üzerindeki simgelerin ne anlama geldiğini sordum.

"Mısır işi" dedi. "Şuraya İsa'yı simgeleyen yılan oyulmuş. Onun üzerinde bir kadının yüzü var; altta da Sonsuzluk'un bir simgesi olarak, Bilinçdışı'na açılan Labirent'in ya da Yol'un 8 numarası var. Yüzük üzerinde bir iki şeyi değiştirdim böylece simgesi Hıristiyan olacak. Bu simgelerin hepsi kesinlikle benim içimde yaşar ve onların her biri ruhumun içerisinde bir tepki oluşturur."

Sonra Jung'a onun, kendi öz varlığında geçmişin sırlarıyla bir bağlantıyı temsil ettiğiyle ilgili fikrimi söyledim. "Bağlantı yolunu –önceden değilse de– Avrupa Aydınlanması'nın gelişiyle birlikte kaybolan yolu buldunuz. Tıpkı Rönesans'ın dışsal Klasik Çağ'la bir bağ kurduğu gibi, siz de bizim zamanımızda onun içsel yanıyla bir bağlantı kurmuş görünüyorsunuz. Dolayısıyla sayenizde insanın temel özellikleri hayatta kalmaya devam edebilir. Meister Eckhart, kendi döneminde aynı rolü sergiledi."

Jung bunun üzerine şöyle dedi: "Yapmaya çalıştığım şey, Mesih'in gerçekten ne olduğunu ve de dirilişin ne olduğunu Hıristiyanlara göstermek. Günümüzde hiç kimse biliyor ya da hatırlıyor gibi görünmüyor ama düşünce hâlâ rüyalarda var oluyor."

Sonra Jung'a Floransa'ya Leonardo'nun *Müjde* adlı resmini görmeye gittiğimi söyledim. O resme bakarken Masumların Katli'ni[68] düşündüğümü anlattım – ki bu olay, İsa'nın doğumuna denk düşen ve gerçek anlamda karşıt kutupta yer alan bir olaydır. "İsa'nın ölümüyle ilgili çok fazla tartışma yapılmıştır" diyerek konuşmaya devam ettim: "Fakat hiçbiri o kadar çok masumun ölümüne aldırmadı. Onların ölümleri, bir Mesih'in doğumu için gerekli bir şey olarak kabul edildi gibi göründü sadece. Bu, Krishna'nın doğumuyla birlikte bölgede aynı günde doğmuş tüm çocukların katledilmesinin tiran Kansa tarafından emredilmesiyle aynıdır. Dolayısıyla bir Mesih'in gelişine yakın korkunç bir haksızlık yaşanıyor gibi görünür daima; doğrusunu söylemek gerekirse, insan neredeyse bunun hayırlı bir şer olduğunu düşünebilir. Amacın, araçları haklı kılıp kılmadığıyla ilgili soru ise bakidir."

Jung bir süre sessiz kaldı, sonra yavaşça "Ve kurban edilenlerin çoğu kez en iyiler olduğu düşünülürse..." dedi.

Ardından Jung'a böyle şeyler hakkında yaptığımız tartışmada esasen anlamsız bir yan olduğunu düşünüp düşünmediğini, bu süper-teknoloji ve gezegenler arası seyahat çağında bizim kaygılarımızın gerçekten çağdışı kalıp kalmadığını sordum. Hesse'ye içedönük insanlara gelecekte ne olacağı hakkındaki

68. İncil'de geçen bir hikâyeden söz edilmektedir. Buna göre Hz. İsa doğunca onun "seçilmiş olan", yani Mesih olduğunu öğrenen Kral Hirodes saltanatını güvence altına almak için o dönem Beytüllahim'deki 2 yaş altı tüm erkek çocuklarını katlettirir. Bu olay "Masumların Katli" olarak bilinir ve çeşitli eserlere de konu olmuştur. (ç.n.)

düşüncesini sorduğumu, onun da bu konuda çok karamsar olduğunu anlattım.

Jung, "Başka dünyalara yönelik uzay uçuşlarına daha çok var" diyerek konuşmaya başladı: "Er ya da geç insan yeryüzüne ve geldiği topraklara dönmek zorunda kalacak; bu da demek oluyor ki insan kendine dönmek zorunda kalacak. Uzay uçuşları sadece bir firardır, insanın kendinden bir kaçışıdır çünkü Mars'a ya da Ay'a gitmek insanın kendi varlığının içine girmesinden daha kolaydır. Yine de uzayın fethine duyulan bu çılgınca merakla ilgili tehlikeli olan şey, onun insandaki tam bir kaygı halini simgeliyor olmasıdır. Bu kaygıya dünyadaki nüfus patlaması korkusu yol açıyor gibi. Bir şekilde, uzay uçuşları bu soruna karşı içgüdüsel bir tepkiye benziyor."

Jung bu fikri daha da açmak üzereydi ama kapı açıldı ve Bayan Bailey içeri girdi. Fark ettim ki çok uzun kalmışım. Aynı zamanda bunun benim son görüşmem olacağını da biliyordum ve Jung'un da bunu anladığını hissettim. Bayan Bailey, Jung'un kızının ve onun eşinin gelmiş olduğunu ve aşağıda beklediklerini söyledi. Sonra da Jung'la vedalaşabileyim diye odadan ayrıldı.

Onunla tokalaşıp onu başımla selamladım, sonra da kapıya doğru ağır ağır ilerledim. Kapıya vardığımda dönüp ona tekrar baktım. Doğu işi cüppesinin üstünde kımıldanan akşamüstü ışığıyla sarılmış bir halde beni dikkatle izliyordu. Elini kaldırıp elveda işareti yaptı.

Bir Hint Sabahı

O gün çok erken kalktım. Yaz ortasında bir günün sabahıydı ve sıcaklık çoktan yükselmeye başlamıştı. Odamın yanındaki terasa çıktım ve gölgeleri çayırın karşısına vuran mango ağacına baktım. Güneşi selamladım ve sonra Yoga egzersizlerime başladım. Kısa bir süre sonra yol boyunca yalınayak yürüyen sarıklı hamili gördüm. Yanıma geldiğinde ellerini kavuşturdu ve "Namaste"[69] dedi, bu da aşağı yukarı "İçindeki Tanrı'yı selamlarım" anlamına gelir. Sonra bana bir telgraf teslim etti. Onu hemen açtım ve sabahın ışığının parıltısında aşağıdaki paragrafı okudum: "Profesör Jung dün huzur içinde vefat etti." Telgraf "Bailey ve Jaffé" şeklinde imzalanmıştı. Güneşin güçlü ışığı ve ısısı o an beni harekete geçirdi.

O sabah Himalayalarda tatil yapmak için yola çıkan Başbakan Nehru'ya veda etmek için Delhi Havaalanı'na gitmek zorundaydım. Kulu Vadisi'ne, diğer adıyla Tanrıların Vadisi'ne gidecekti. Havaalanına vardığımda Nehru çoktan uçağa doğru yürüyordu. Beyazlar giyinmişti ve zarif bedeni, cazibesinin daima bir parçası olan ruhsal zarafetiyle birlikte nazikçe hareket ediyordu.

Ona birkaç saat evvel aldığım telgrafı gösterdim çünkü Nehru, Jung'un bir hayranıydı. Sonra ona dedim ki: "Jung'un Hindistan'la ne kadar ilgilendiğini biliyorsunuz. Sizden ya da hükümetinizden bir başsağlığı dileği son derece makbule geçerdi."

Nehru bir an düşündü ve dedi ki: "Buradan kişisel olarak emir veremem. Fakat Dışişleri Sekreteri Bay Desai'yle konuşun lütfen ve ondan benim adıma bir başsağlığı telgrafı göndermesini rica edin."

Böylece Hint medeniyetinin engin değerlerini anlamak ve onları Batı dünyasına taşımak için çok çalışmış olan adamın vefatında Hindistan da hazır bulunmuş oldu. Üstelik başka bir Büyük Çember kapandı.

O öğleden sonrayı ve ertesi günü meditasyonda, Jung'un imgesine yoğunlaşmaya çalışarak ve ruhunun gölgelerin krallığına intikal ettiği büyük yolculuğunda şu an onun başından

69. (*Sans.*) Geleneksel Hindu selamlamasıdır. (ç.n.)

neler geçtiğini hayal etmeye çalışarak geçirdim. Hani şu önceden anlamaya çalıştığı ve *The Tibetan Book of the Dead* adlı kitapta yorumladığı törenlere maruz kalıp kalmadığını merak ettim. Ardından Hermann Hesse'ye, onun Jung'a atfedilen *Neue Züricher Zeitung*'un özel baskısında yayımlamış olduğu mektubu yazdım. Ayrıca Jung'un ailesine, Bayan Bailey'e ve Bayan Jaffé'ye başsağlığı mesajlarımızı kaleme aldım.

Kısa süre sonra Bayan Bailey'den dostumuzun son anlarını tarif ettiği bir mektup aldım:

Küsnacht-Zürih
16 Haziran 1961

Sayın Bay Serrano...

Benim için büyük bir teselli olan nazik mektubunuz için çok teşekkür ederim. Artık işim bitti, "C.G."ye bakabilmek gerçekten çok büyük bir ayrıcalıktı. Kendimi kaybolmuş ve kimsesiz hissediyorum, fakat onun arkadaşlarından gelen nazik mektuplar yalnızlığımda ve de onsuz hayatla yüzleşme âcizliğinde bana çok yardımcı oluyor.

Öyle huzur içinde öldü ki nihayet uykuya dalar gibiydi; gitmeyi istedi. Öyle yorgun ve zayıftı ki... 17 Mayıs'ta, öncesindeki çok mutlu ve huzurlu geçen bir günün ardından, beynine bir kan pıhtısı atması yaşadı ve bu, onun konuşmasını biraz etkiledi. Tahmin edersiniz ki bu benim için büyük bir şoktu, bu olay kahvaltıda oldu. Birkaç gün sonra kendini toparladı, konuşması da gayet düzeldi; fakat o kadar da iyi okuyamıyordu ve uzun bir süre ona ben okudum. Sonra 30 Mayıs'ta yine çok huzurlu ve mutlu geçen bir günün ertesinde birlikte kütüphanenin pencere kenarında oturup çay içerken yığılıp kaldı ve bu onun kütüphanede geçirdiği son zaman oldu, sonrasında hep odasından çıkmadı. O andan sonra gitgide zayıf düştü; ölmeden önce iki gün boyunca uzak bir taşra yöresindeydi, harika ve enfes şeyler gördü, bundan eminim. Çoğunlukla gülümsüyordu ve mutluydu. Dışarıda terasta son oturuşumuzda bana görmüş olduğu fevkalade rüyadan bahsetti, dedi ki: "Artık hakikati biliyorum fakat hâlâ tamamlanmamış minik bir parça var, onu bildiğimde ölmüş olacağım." Ondan sonra da harika bir rüya daha gördü ki onu da geceleyin anlattı. Jung rüyasında yüksek bir düzlükte duran kocaman, yuvarlak bir taş blok görmüş ve taşın alt kısmına şu sözcükler kazınmış: "Ve bu senin için Bütünlük'ün ve Teklik'in bir simgesi olacak." Bundan onun hayatının tamamlandığını bilmem gerekirdi, tüm o son günlerinde onun beni bırakıp gitmekte olduğunu anlamam gerekirdi. Sanırım biliyordum fakat bilgiyi arka plana attım, belki bu bağışlayıcıdır çünkü onun için yapmam gerekeni yapamamış olabilirim. Gece gündüz onun yanında kalabildim.

Değerli Bay Serrano, artık daha fazla yazamayacağım ama umarım, sizi tekrar görürüm ve belki de o zaman size anlatılacak birçok garip şeyi zihnimde netleştirmiş olurum. Birkaç haftalığına İngiltere'ye gideceğim fakat tekrar döneceğim ve evi açık tutacağım. Hâlâ yapılacak o kadar çok şey var ki o işler aylar sürer. Ailesinin üyeleri bana karşı çok kibarlar. Ailesi, Bay Nehru'dan gelen mesajı aldı ve ondan son derece duygulandılar. "C.G." sizi çok sevdi ve sizinle olan arkadaşlığımızın benim için çok değerli olduğunu hissediyorum, sizinle sohbet etmek hep çok huzur vericiydi.

Onun için getirdiğiniz turkuvaz kutuyu son günlerinde bana verdi. Ona olan ortak sevgi ve saygımız nedeniyle bunun sizin için sakıncası yoktur umarım veya onu geri almak ister misiniz?

Şimdilik bu kadar.

Benimle ilgili nazik düşünceleriniz için tekrar teşekkür ederim.

İçten saygılarımla...

Ruth Bailey

Bir Rüya

20 Ekim 1961'de Güney Hindistan'da Mysore denen şehirdeydim ve sabah saat altıda Profesör Jung'la ilgili bir rüya gördüm. Toprak bir yol boyunca onunla birlikte yürüyordum. Dirseklerimiz neredeyse birbirine değercesine yan yana yürüyorduk. İki kuşak: O, yaşlı adam ve ben, hâlâ genç olan. Sonra ikimizi de selamlayan bir adam geçti önümüzden. Jung selama karşılık verdi ve ben de geniş kenarlı şapkamla selam verdim. Ardından Jung konuştu, onun ne çok yaşlandığının farkına vardım. Yürüyüş onu yormuştu, bitkin görünüyordu. "Çok yaşlı ve yorgunum" dedi, "Artık hayatımı yaşadım bitti, benim için ölme vakti geldi. Çoktan anladığım gibi, buna karşı direnmek bedene büyük acı verecektir."

O an anladım ki kan pıhtısını kastediyordu. Fiziksel acılarının bilgelikle telafi edileceğini çünkü ölümün neye benzediğini öğreneceğini söyledim. Hayatın ne olduğunu keşfetmek için çalışıyor olan yüzlerce bilim insanına nazaran ölüm hakkında bir şeyler öğrenmekle ilgilenen belki de tek kişiydi. Bu nedenle dönüp ona şunu sordum: "Ölüm nedir?"

O da şöyle yanıt verdi: "Ölüm *Li* ve *Tata*'dır." Ne demek istediğini anlamadım ve bunu ona söyledim; bunun üzerine tercüme etti: "Su ve Taş."

"Seksen yılı suyun ardında ne olduğunu bulmaya çalışarak geçirdim" diyerek anlatmaya koyuldu: "Ve tüm bu süre boyunca onun içindeydim. Artık onun içinden geçtim ve en sonunda atların koştuğu yere çıktım..."

Yakındaki bir sulama arkına baktım. Biraz su aktı, sonra hiçbir şey kalmadı. Jung aydınlanmış bir kişi gibi konuşmaya devam etti, fevkalade bir şiirden dizeler söylüyordu. Onları duyuyor ve aklımda tutmak istiyordum fakat onları hemen unutacağımı biliyordum, çünkü onlar akılda tutulamaz sözlerdi. İlham gibiydiler: Duyulan, hayret edilen ve unutulan.

Bu deneyimden sonra keder içinde ve ölümün gizemiyle yüzleşmiş olduğum duygusuyla alla bullak oldum. Jung'un ölümden geri dönüp de bana hiçbir şey keşfetmemiş olduğunu, hiçbir şeyin olmadığını söylemesine üzüldüm. Öte yandan belki de hayatın Ego'nun dışında, Doğa'nın güçleri içinde ve şiirin dilinde sürüp gittiğini göstermek istedi.

Jung Beni Evine Almak İçin Döner

Bu kitabın ilk bölümünde, Hermann Hesse'nin ölümünden sonra büyük oğlumla birlikte onun dul eşinin ziyaretine nasıl gittiğimizi anlatmıştım. Aynı olayda Montagnola'dan dönerken oğluma Jung'un evini de göstermek istemiştim.

Bir öğleden sonra Küsnacht'a vardık, Latince yazının olduğu kapıya varana kadar parkın içinden yürüdük. Zili çalıp bekledim. Bir süre sonra oğlumun yaşlarında genç bir adam kapıyı açtı. Jung'un torunlarından biriydi ve ona kim olduğumu, ne istediğimi açıkladım; fakat genç adam ebeveynleri evde olmadığı için içeri girmemize izin veremeyeceğini söyledi. Tümüyle hayal kırıklığına uğramıştım ve ayrılmak üzereydim ki alana bir araba girdi ve yakınımızda durdu. Arabadan bir kadın indi, bu kadının Jung'un kızı Bayan Niehus-Jung olduğu ortaya çıktı, genç adamın halasıydı. Beni tanır tanımaz eve girmemizi istedi. Evde bir mimar olan erkek kardeşinin yaşadığını söyledi. “Hayat akıp gitmeye devam ediyor” diye anlatmaya koyuldu: “Bu babamı mutlu ederdi. Yalnız biliyor musunuz, çok garip bir şey oldu. Bugün buraya gelmeye niyetim yoktu; başka bir yere gidiyordum. Fakat yoldan geçerken sanki burada durmak için zorlandım ya da öyle yapmaya yönlendirildim.”

Kulağa tuhaf geliyor ama sahiden şuna inanıyorum ki Jung beni evinde bir kez daha kabul etti; beni bir yabancı gibi kapıda bırakamazdı. Oğlumu üst kata, Jung'un çalışma odasına çıkardım ve her şeyin neredeyse eskiden olduğu gibi durduğunu gördüm. Raflar hâlâ kitaplarla doluydu ama onun çalışma masası gitmişti, atmosferde bir şey değişmişti. Buna karşın Kailaş Dağı'nın tepesindeki Şiva'yı gösteren resim hâlâ duvardaydı. Son buluşmamızı ve vedamızı hatırlamaya çalıştım; gözlerim yarı açık yarı kapalı bir halde Dr. Jung'u orada, büyük pencerenin yanında otururken adeta görebiliyordum.

Bayan Niehus-Jung, babasının ricası üzerine onun simya kitaplarından oluşan değerli kütüphanesinin halka açılacağını söyledi. Sonra bizi bir şey göstermek için bahçeye kadar götürdü. Fark ettim ki birçok yaşlı ağaç, göl manzarasının önünü açmak için daha yeni kesilmişti. Bizi Jung'un eskiden altında oturduğu bir ağacın yanına götürdü ve ağacın tepesinden gövde boyunca aşağı doğru inen kocaman yarığı gösterdi.

"Babam öldüğünde Küsnacht'ta muazzam bir fırtına vardı, yılın o zamanında hiç olmayan bir şeydi. Fırtına sırasında bu ağaca yıldırım çarptı. Hep burada gölgede otururdu, biliyorsunuz."

Göğün ateşi tarafından meydana getirilen uzun yarığa baktım ve onu Jung'un evrensel güçlerin merkezine ulaştığının bir işareti olarak gördüm. Doğa karşılık vermiş ve hareket ettirilmişti, *eşzamanlılık* vardı.

Dolayısıyla rüyam bana keder ve şüphe getirmiş olmasına rağmen artık o hiçliği –en azından dışsal olarak– dengeler gibi görünen başka kayda değer gerçeklerle yüzleştim. Yahut belki de rüyayı düpedüz yanlış yorumladım.

Orada ayakta dururken oğlumun şöyle dediğini işittim: "Burası ne kadar güzel! Burada sonsuza dek yaşamak isterdim." Gölün kenarına gitti ve suyun dalgalarının ayaklarının üzerinde oynamasına izin verdi.

Jung ailesinin kabri, Küsnacht'taki mezarlıktaydı, orayı ziyarete gittik. Ortasında yağmur suyunu tutan bir oyuğun olduğu büyük, yuvarlak bir taş yerde öylece ayakta duruyordu. Onun yakınında bir başka dikey taşın üstüne de aile arması kazınmıştı. Bu taşın kaidesi kare şeklinde yapılmıştı ve her bir yanında Latince olarak şunlar yazılıydı:

"Birincisi, yeryüzünün karada yaşayan insanı."

"İkincisi cennetin gökte yaşayan insanı."

Bunlar sanırım Aziz Pavlus'un yazmalarından alınmıştır. Yazıtın diğer yönü, tabii ki Jung'un evinin kapısında görülen sözlerle aynıydı: "Çağrılsın ya da çağrılmasın, Tanrı mevcuttur."

VOCATUS ATQUE NON

SECUNDUS HOMO DE CAELO CAELESTIS

PRIMUS HOMO DE TERRA TERRENUS

VOCATUS DEUS ADERIT

Serrano'nun önceki sayfada anlattığı, C. G. Jung'un aile kabrindeki kaidenin üstünde yazılı olan sözlerdir. Bu Latince sözlerin Türkçesi önce sağdan sola, sonra yukarıdan aşağıya şöyledir:

Birincisi, yeryüzünün karada yaşayan insanı.
İkincisi cennetin gökte yaşayan insanı.
Çağrılsın ya da çağrılmasın, Tanrı mevcuttur.

Çağımız İçin Bir Mit

14 Eylül 1960 tarihli mektubunun sonunda Jung şöyle demişti: "Işığımı ve hazinemi kaybedecek olursam hiç kimsenin ona nail olmayacağına ve bizzat kendimin fena halde, hatta umutsuzca yaralanacağıma inanmış bir halde o ışığımı ve hazinemi koruyorum. O sadece benim için değil, özellikle Yaratıcı'nın karanlığı için de çok değerli ki kendi Yaratım'ını İnsan'ın aydınlatmasına ihtiyaç duyuyor."

Parmağında "agnostik yüzüğü" ile
C. G. Jung çalışma odasında çalışırken.

Jung'un Küsnacht'taki evinin giriş kapısı.
Kapının üstünde Latince şunlar yazılıdır:
"Çağrılsın ya da çağrılmasın, Tanrı mevcuttur."

Bu düşünce, Jung'un ölümünden sonraki hatıralarında ayrıntılı olarak geçer ve doğması için güneşe yardım ettiğine inanan, Pueblo yerlilerinin reisi Ochwiay Biano'yla olan hikâyesinde anlatılır. Jung, modern insana bu örnekteki kadar aşkın ve can alıcı bir mit bulmaya çalıştı ve yıllarca süren çalışmadan sonra nihayet onu tüm emeğini özetleyen bir cümleyle ortaya koydu; şöyle ki insana *Yaratıcı'nın bilinmezliğini aydınlatmak* için ihtiyaç duyuluyordu. Onun arzusu, bilincin ışığını Bilinçdışı'nın dipsiz denizine –yani Tanrı'nın kendi içine– yansıtmaktı. Bu, Jung'un modern insana miras bıraktığı yaşayan mitti, elbette tüm insanlar için olmasa da.

Jungcu anlamda bilincin yansıtması akıl yürütmeye denk değildir; daha çok, kişinin gizemli "merkez"inden doğan içsel ışığın yansıtmasıdır ki ona kendini gölgelerin krallığına doğru sürekli dinamik bir biçimde yönlendirmesi için izin verir.

Jung, yavrularını doğuran hayvanların gözünde bilinmeyen bir karanlık korkusunu temsil eder gibi görünen müthiş bir acı gözlemlemişti. Bu hayvanların bize ihtiyaç duyduğuna, dünyanın doğasını ve onların acılı varoluşlarının gizemini onlara göstermemizi bekliyor olduklarına inanıyordu. Bize ihtiyaç duyuyorlar çünkü bir tek biz onlara ışık tutabiliriz. Yani kısacası biz, tüm yaratımın –hayvanın, ağacın, nehrin, taşın ve belki de Tanrı'nın kendisinin– aynası olacağız; çünkü önünde sonunda biz dünyanın bilinci ve çiçeğin yansımasıyız. Doğa bizi sırf çok uzun bir süre sonra yarattı ki böylelikle önce onun bütün yok oluşunu dikkatle izleyip sonra onun bütünlüğünü gösterebiliriz. Doğal yaratımın tüm unsurları, bizim onlara yaklaşmamızı bekleyen kutsal nesnelerdir.

Fakat çoğu zaman cehalet içinde yanlarından geçip gideriz; Krishnamurti'nin sözcüklere döktüğü anlamda, *görmeden* ve *bakmadan* önünden geçip gideriz – yani hem Bilinç'le hem de Bilinçdışı'yla *görmek* ve *bakmakta* başarısız oluruz. Çiçeğin, kendisine bakılması isteğinden kaynaklanan acıyla çığlık attığını, kızartma tavasının bizim günaydınımızı beklediğini, güneşin gökyüzünde kalmak için bizim yardımımıza ihtiyaç duyduğunu ve yeryüzünün dönerken bizim yardımımızı istediğini bilmeden geçip gideriz. Ama çiçeğe gerçekten baktığımızda karşılığında bizi selamlar ve bize sevginin bir biçimini geri verir – belki hemen değil ama en azından bizzat kendimizi yeryüzünün içinde erittiğimizde. *Duino Ağıtları* adlı şiirinde Rilke, hem Jung hem de Hesse'nin hemfikir olacağı bir şeyi yazdı:

Burada olmak çok şey de ondan; ve burada ne varsa
hepsi iğreti, bizi ister gibidir de ondan; ve bir tuhaf
ilgilendirir bizi. Bizi, en iğretiyi. Bir kez her şey
yalnız bir kez. Bir kez, o kadar. Biz de
bir kez. Yoksa bir daha. Ama bu
bir kez olmuş olmak, yalnız bir kez de olsa:
bulunmuş olmak yeryüzünde – hiç değişir mi bu?

[...] Bu ayrılış üzere
yaşayan şeyler
anlar sen onları övdüğünde; süreksiz olduklarından
bizde kurtuluşa ermek isterler, bizde, en süreksizde.
Onları değiştirelim isterler ta görünmeyen
yüreklerimizde
–ah, sonsuzca– değiştirelim kendimize! Her kimsek.

Yeryüzü, istediğin bu değil mi: görünmeden
kabarmak içimizde? –Bir gün görünmez olmak
değil mi senin düşün?– Yeryüzü! görünmez!
Nedir önemli buyruğun, değişim değilse?[70]

İnsan Doğa'nın bir ürünüdür; yine de ona karşı ayaklanır çünkü Doğa onu kabul ediyor gibi görünmüyor. Bu şüphesiz ki Doğa'nın içinde var olan ve bizi fedakârlık ve isyana iten başka bir kuvvet yüzündendir. Bununla beraber bu kuvvet bizi sevgiye doğru iten merkezi bir kuvvetin bir aşaması ya da bir veçhesidir. Biliyorum ki bu tamamen Doğa'nın merkezi kuvvetidir, çünkü ben bir çocukken etrafımı kuşatan doğal dünyayla mükemmel derecede rahat bir halde yaşayabiliyordum. Halbuki neşeli Tanrı'nın yanı sıra, keyif ve kederlerinin derinliklerini açığa çıkarmamızı sahiden bekleyen üzgün bir Tanrı da olabilir. Simyacıların bir zamanlar dediği gibi: "İnsan, Doğa'nın tamamlanmadan bıraktığı işi bitirmeli."

Teilhard de Chardin şöyle yazdı:

> *Her kim ki Mesih'i yeryüzünün yaratıcı güçlerinde saklı bulur, o kişi Tanrı'nın yüzünü görmesi için bizzat Dünya'nın anne kollarından destek görecektir.*

---

70. Rainer Maria Rilke'nin *Duino Ağıtları* adlı şiirlerinin *9. Ağıt*'ından alıntılanan bu dizeler, elinizdeki kitaba kaynak olan edisyonda İngilizce çevirisiyle yer almaktadır. Şiiri özgün dili yerine çevirisinden Türkçeye aktarmak anlam kaybını daha da artıracağı için bu dizeleri özgün dili Almancadan A. Turan Oflazoğlu tarafından yapılmış mevcut Türkçe çevirisiyle sunmak tercih edilmiştir. Şiirin tamamı için bkz. *Seçilmiş Şiirler ve Duino Ağıtları*, çev. A. Turan Oflazoğlu, İz Yayıncılık, 4. Baskı, 2010. (ç.n.)

Ayrıca şunu da yazdı:

> *Her kim ki Mesih'i, dünyanın ölümüne yol açan yeryüzü güçlerinde saklı bulur, o kişi öldüğünde bizzat Dünya'nın anne kollarıyla yukarı kaldırılacak ve Tanrı'nın sinesinde uyanacaktır.*

Rilke'ye göre her birimiz yeryüzünden birkaç sözcük ya da belki de "köprü", "çeşme", "amfora" veya "meyve ağacı" gibi tek bir sözcük taşıyacağız. Her birimiz ona en çok sevdiği sözcüğü getireceğiz ve o da mavi ya da sarı yılan otunun bir filizini getirecek. Sonra bu, Jung'un bütün çalışmalarında örnek verdiği ve ömrünün sonunda dile getirdiği modern insan Mit'i olarak görülür.

Fakat benim için bir nokta daha var – bir son çiçek, belki de tamamen mistik olmak dışında muhtemelen o kadar doğal olmayan saf yaratımın çiçeği. Bu, çağlar boyunca nesilden nesile geçen büyülü geleneğe Jung'un yerleştirdiği çiçektir. Bu var olmayan çiçek bizzat Jung'un Benlik dediği şeydir, çevresi sınırlara sahip olmayan ve merkezi belirli bir yerde bulunmayan o çemberdir. Kişideki o merkez bulunmalıdır çünkü orada olmasına rağmen asla fark edilmemiştir; sadece potansiyel olarak var olur. İcat ettiğimiz şeyler olan sonsuzluk ve ölümsüzlük fikirlerimizi düşünürken bunun kavranması zor bir kavram olmadığı anlaşılacaktır. Ruh bile insan tarafından yaratılmış bir şeydir. Dolayısıyla merkezin ve çiçeğin var olduğuna inanmamız gerekir, öyle olmayabilirse de ve asla öyle olamayabilirse de. "Onlar görülmeyen ama hâlâ inanılan kutsanmışlardır."

Bu saf yaratımın, saf var olmamanın eylemi öyle önemli görünürdü ki o gerçekleştiğinde Doğa'nın bütünü onun gücü önünde eğilerek karşılık verir. Sonra bir ışık ışını, Doğa'ya kendi ruhunun merkezinde dokunulduğunu göstermek amacıyla bir ağaca düşer.

SONUÇ

Almora şehrinde bir sabah, Himalayaların tepesinde, bacaklarıyla Hindu tarzında bağdaş kurup oturmuş ve İspanya'dan getirdiği bir pelerini giyinmiş arkadaşım Bochi Sen'i dinliyordum; Kutsal Toprak'taki Zeytindağı'ndayken yaşadığı bir deneyimi anlattı. Hatıralarından öyle etkilenmişti ki gözyaşları kahverengi yanaklarından aşağı yuvarlandı. Sonra Bochi Sen, önceden Zürih'te birçok kez ziyaret ettiği Dr. Jung'dan bahsetti. Reenkarnasyonu tartışmışlardı ve Jung, sıradaki hayatını seçme şansı olsaydı halihazırda sürdürmekte olduğu aynı hayatı seçmeyi tercih ettiğini söylemiş.

Bu, tıpkı Hesse gibi, hayatını tamı tamına bütün hisleriyle kavrayarak yaşamış olduğunu söylemenin bir yoluydu. Bu adamlar işlerinde tam anlamıyla memnuniyet yaşadılar çünkü işleri, gerçek varlıklarının bir ifadesiydi. İkisi arasındaki farka bakacak olsam, Hesse'de Jung'da gördüğümden daha çok fazla huzur ve dinginlik bulmuştum. Son ana kadar Jung, hâlâ araştırıyor gibiydi. Belki onunkisi; Aziz'den farklı olarak, birleşme ya da Tanrı huzuru hasreti çekmeyen ama onun bütün mutsuzluğuyla sonsuz yolunu tercih eden Büyücü'nün yoluydu. Fakat bundan emin olamıyorum.

Jung, kendi keşiflerini sıradan insan diliyle ifade edebilen bir bilimadamı olsa da aynı zamanda mümkün görünmeyen deneyimleri o resmi bilime göre tuhaf kaçacak bir dilde anlatan garip bir adamdı. İnsanın sonsuz geleneğinden kaynaklanan o deneyimlere yeni adlar verirdi. Bu kitapta örnekleriyle göstermeye çalıştığım Jung'un bu yönüdür - Aureate Zincir ve Hermetik Çember'deki yeri budur.

Hesse ve Jung'la birlikte kendimi bu çemberin parçası olarak düşünecek olursam bu sadece, onların mesajlarını anlamaya çalışmış olmak ve bu iki adama mesajlarında gördüğüm şeyi söylemek olurdu. Bizim görevimiz, sadece şeylere yönelik değildir; aynı zamanda insanlara da yöneliktir ve mesaj kuşaktan kuşağa geçirilmelidir.

YARARLANILAN KAYNAKLAR

1. Hermann Hesse

— *Autobiographical Writings*. New York: Farrar, Straus and Giroux, 1972, 291 sf.

— *Crisis: Pages From a Diary*. New York: Farrar, Straus & Giroux, 1975, 121 sf.

— *Demian*. Boston: Suhrkamp/Insel Publishers 1985, 193 sf. [Türkçesi: *Demian*, çev. Kâmuran Şipal, Can Yayınları, 2003.]

— *Hours in the Garden and Other Poems*. New York: Farrar, Straus, Giroux, 1979, 89 sf.

— *If the War Goes On; Reflections on War and Politics*. New York: Farrar, Straus and Giroux, 1971, 185 sf.

— *Klingsor's Last Summer*. New York: Farrar, Straus and Giroux, 1970, 217 sf. [Türkçesi: *Klingsor'un Son Yazı*, çev. İlknur Özdemir, YKY, 2005.]

— *My Belief: Essays on Life and Art*. Londra: J. Cape, 1976, 1974, 393 sf.

— *Pictor's Metamorphoses and Other Fantasies*. New York: Farrar, Straus, and Giroux, 1982, 213 sf.

— *Poems*. New York: Farrar, Straus and Giroux, 1970, 79 sf.

— *Rosshalde*. New York: Farrar, Straus, and Giroux, 1970, 213 sf.

— *Siddhartha*. New York: MJF Books, 1992, 122 sf. [Türkçesi: *Siddhartha*, çev. Kâmuran Şipal, Can Yayınları, 2002.]

— *Siddhartha*, Demian, and Other Writings. New York: Continuum, 1992, 223 sf.

— *Six Novels, with Other Stories and Essays*. Londra: Collins, 1980, 987 sf.

— *Soul of the Age: Selected Letters of Hermann Hesse*. New York: Farrar, Straus and Giroux, 1991, 347 sf.

— *Steppenwolf*. London: Allen Lane, 1974, 253 sf. [Türkçesi: *Bozkırkurdu*, çev. Kâmuran Şipal, YKY, 2003.]

— *Tales of Student Life*. New York: Farrar, Straus and Giroux, 1976, 233 pp.

— *The Fairy Tales of Hermann Hesse*. New York, NY: Bantam Books, 1995, 266 sf.

— *The Glass Bead Game* (*Magister Ludi*). New York: Holt, Rinehart and Winston, 1969, 558 sf. [Türkçesi: *Boncuk Oyunu*, çev. Kâmuran Şipal, YKY, 2012.]

— *The Journey to the East*. London: P. Owen, 1964, 93 sf. [*Doğuya Yolculuk*, çev. Zehra Aksu Yılmazer, Can Yayınları, 2002.]

2. C. G. Jung

— *The Collected Works of C. G. Jung*. (Ed.) H. Read, M. Fordham, G.

Adler ve W. McGuire. (Bollingen Series 20, 2. Bsk.). İng. çev. R.F.C. Hull. Princeton NJ: Princeton University Press, 1953-1979.

Vol. I: *Psychiatric Studies*

Vol. II: *Experimental Researches*

Vol. III: *The Psychogenesis of Mental Disease*

Vol. V: *Symbols of Transformation*

Vol. VIII: *The Structure and Dynamics of the Psyche*

Vol. X: *Civilization in Transition*

Vol. XI: *Psychology and Religion: West and East*

Vol. XII: *Psychology and Alchemy*

Vol. XVII: *The Development of Personality*

— *C. G. Letters*. (Ed.) G. Adler ve Aniela Jaffé. (Bollingen Series CV). İng. Çev. R.F.D. Hull. Vol. I (1906-1950) ve Vol. II (1951-61). Princeton NJ: Princeton University Press, 1953 ve 1973.

— *Memories, Dreams, Reflections of C. G. Jung*. (Kaydeden ve editörü) Aniela Jaffé. İng. Çev. Richard ve Clara Winston. Gözden geçirilmiş baskı. New York: Vintage Books (Random House), 1965.

— *Selected Letters of C.G. Jung*, 1909-1961, (Ed.) Adler ve Aniela Jaffé. İng. Çev. R.F.C. Hull. Bolligen Series. Princeton, N.J.: Princeton University Press, 1984.

3. *I Ching: Değişimler Kitabı*, Çev. Sevda Beytaş, Destek Yayınları-2018

4. *Secret of the Golden Flower*, A Chinese Book of Life. (Çeviri ve açıklama) Richard Wilhelm, C. G. Jung'un "Yorum"u ile, Harcourt Brace Jovanovich, New York, 1962. [Türkçesi: *Altın Çiçeğin Sırrı*, çev. Sezer Soner, Dharma Yayınları, 2002.)

Miguel Serrano'nun Kitapları
(İngilizceye çevrilmiş kitapları o dilde verilmiştir.)

• *Antologia del verdadero cuento en Chile*. Ed. Gutenberg, Santiago de Chile, 1938.

• *Un discurso de la America del Sud*. Ib. 1939.

• *La epoca mas obscura*. Editorial Zig Zag, Santiago de Chile, 1941.

• *La antartida y otros mitos*. Ed. Gutenberg, Santiago de Chile, 1948.

• *Ni por mar ni por tierra*. Ed. Nascimento, Santiago de Chile, 1950.

• *Quien lluma en los hielos* Ib. 1957.

• *(Nietzsche y) el eterno retorno*. Eds. Nueva Univ., Santiago, 1974.

• *Elella, libro del amor magico*. Harper & Row, New York, 1972.

• *The Visits of the Queen of Sheba*. Harper & Row, New York, 1973.

• *The Mysteries*. Asia Publishing House, Hindistan, 1960.

• *The Serpent of Paradise*. Rider & Co., Londra, 1974.

• *The Ultimate Flower*. Routledge & K. Paul, Londra, 1969.

• *Nos, Book of the Resurrection*. Routledge & Kegan Paul, Londra & Boston, 1984.